Hello, The Belt and Road

策　　划：李建兴　申玉彪

主　　编：严　冰　陈振凯

编　　辑：杨俊峰　李　贞　刘少华

著　　者：人民日报海外版"中国故事工作室"

摄　　影：杨俊峰　刘玉民　魏　明

支持单位：联合国教科文组织
　　　　　中国联合国教科文组织全国委员会

Hello, The Belt and Road

你好，一带一路【视频图文版】

人民日报海外版『中国故事工作室』◎ 编

严冰　陈振凯 ◎ 主编

人民出版社

目　　录

Contents

故事。他们用中文说出"你好，一带一路"，介绍了个人情况，谈了对中国、对"一带一路"的理解和祝福，谈了对"一带一路"国际合作高峰论坛的期待，以及他们想对来华参会的各国领导人说的话，等等。他们对"一带一路"的理解，超出我们预期。最后，他们用各自的母语坚定地说，"建设一带一路，我们在一起"。

来华参加"一带一路"青年创意与遗产论坛的 65 国青年代表，在长沙、泉州两座美丽城市，度过了难忘的一周。这期间发生了大量有意思的故事。他们一起体验中国的泥塑和书法等非物质文化遗产。他们所在的国家，有的曾经发生过战争和不睦，但在中国，他们握手言欢。他们的经历和故事，是增进民心相通、推动文明交流互鉴、构建人类命运共同体的生动体现。

各国青年用欣赏、互鉴、共享的观点看待世界，推动不同文明交流互鉴、和谐共生，是一件有意思、有意义、有意蕴的事。而这种互动，在"一带一路"上正变得越来越多。

有史以来第一次，65 国青年合拍"一带一路"大片！
（扫二维码即可欣赏视频）

序一
青年朋友自远方来，不亦乐乎

王树成

人民日报社编委、人民日报海外版总编辑

新的时代开始了！

2017 年 5 月 14 日，中国首都北京迎来一场世界性盛会："一带一路"国际合作高峰论坛开幕，高朋满座，全球瞩目。这是继 2014 年在北京主办亚太经合组织领导人非正式会议（APEC）、2016 年在杭州主办二十国集团（G20）领导人峰会后，中国举办的又一个重大国际盛会。

本次高峰论坛具有重要节点意义。与北京 APEC 和杭州 G20 相比，它的独特价值在于：这是中国首次倡导、首次主办的国际合作峰会；此外，"一带一路"地域和国别范围是开放的，中国欢迎各国、国际组织、跨国公司、金融机构和非政府组织积极参与、合作共赢；与 APEC、G20 机制相比，此次论坛在议题设置、合作领域、推进方式等方面更具灵活性，将充分考虑各方关切。

在高峰论坛前夕，人民日报海外版旗下"中国故事工作室"派出精锐团队，一周时间，完成了一项几乎世界所有媒体都想完成的工作：专访了"一带一路"沿线 65 国青年，每个国家至少 1 人，合计 73 人。当然，我国政府从未对"一带一路"限定过范围，"一带一路"是个开放倡议，欢迎任何国家加入，不局限于这 65 国。而一周内能采访到多达 65 国青年，显然极非易

001

事，极为幸运。

这里要特别感谢"'一带一路'青年创意与遗产论坛"组织方——联合国教科文组织、中国联合国教科文组织全国委员会。他们的相关工作人员，极富创意，执行力超强。他们从全球范围遴选青年精英，到中国参加活动。这些青年，来自世界 65 个国家。采访中，这些身着民族服装的青年精英，分别用中文喊出"你好，一带一路"的心声，并介绍了自己的个人情况，谈了自己对中国、对"一带一路"的理解和祝福，谈了对"一带一路"论坛的看法和感受，以及他们想对来华参会的各国领导人说的话……

65 国青年在长沙、泉州这两座美丽的城市，度过了难忘的一周。在此期间，他们体验了中国陶瓷和书法艺术，亲身感受了中国历史文化的丰厚底蕴和城市风貌。他们所在的国家，有的曾经交战或不睦，但在中国，他们握手言欢；有的国家正处于战火之中，但中国之旅，让他们感受温暖、理解和相互欣赏。他们的经历和故事，是"民心相通""文明交流互鉴""命运共同体"的生动体现。这期间，要特别感谢长沙、泉州当地政府部门和志愿者的不辞辛苦和周到安排。这两座城市，也是"一带一路"重要节点城市。

有朋自远方来，不亦乐乎？青年朋友刚分开，就已开始想念，在微信群里互诉衷肠，畅谈对中国之旅的回忆。若干年后，这些青年精英，有的可能会成为所在国领导人或各界翘楚。回忆往事，他们应会想起这段精彩的"人文交流之旅"。

习近平总书记说过，人文交流合作也是"一带一路"建设的重要内容。真正要建成"一带一路"，必须在沿线国家民众中形成一个相互欣赏、相互理解、相互尊重的人文格局。民心相通是"一带一路"建设的重要内容，也是"一带一路"建设的人文基础。要坚持经济合作和人文交流共同推进，注重在人文领域精耕细作，尊重各国人民文化历史、风俗习惯，加强同沿线国家人民的友好往来，为"一带一路"建设打下广泛的社会基础。

"一带一路"青年创意与遗产论坛，让"民心相通"落地，是个很棒的创意。我要为它喝彩点赞。同时，我也要为"中国故事工作室"的同事们点赞。他们善于创造性地开展工作，彰显出顽强拼搏的职业精神，每天工作16—20个小时，在短时间内完成了专访，制作出纪录片，还编辑了本书。

近年来，这个工作室以"讲故事"方式探索话语体系创新，有效提升了人民日报海外版报道的传播影响力。而"用海外读者乐于接受的方式、易于理解的语言，讲述好中国故事，传播好中国声音，努力成为增信释疑、凝心聚力的桥梁纽带"，正是习近平总书记对人民日报海外版的要求。希望"中国故事工作室"进一步精心策划，深入采访，继续探索创新，不断取得新成绩。

放到读者面前的本书，整合了专访 65 国青年的精彩内容，以及 65 国青年在华生活一周的美好时光。它只是一个开端。"一带一路"应大势、顺民心，民心相通是根基，真诚相交方久远。我们衷心希望，世界各国同心携手，持续发力，久久为功，共同开创美好的明天。

序二
志合者，不以山海为远

杜越
中国联合国教科文组织全国委员会秘书长

橘子洲头，刺桐港畔。"一带一路"国际合作高峰论坛举办前夕，来自65个"一带一路"沿线国家的84名青年齐聚长沙和泉州，在"一带一路"青年创意与遗产论坛上为沿线国家"民相亲"奏响了青春的序曲。

本次论坛是中国与联合国教科文组织近年来在青年与文明间对话领域合作的又一具体成果。这也是一场青年策划、青年组织、青年参与、青年受益的活动，作为主办方和亲历者，我深感振奋。

毛主席把青年人比作"早上八九点钟的太阳"，要把希望寄托在青年身上。2015年10月，中国国家主席习近平向联合国教科文组织第九届青年论坛致贺词，指出"青年最富有朝气、最富有梦想、是未来的领导者和建设者。全球青年有理想、有担当，人类就有希望，推进人类和平与发展的崇高事业就有源源不断的强大力量"。2016年，中国与联合国教科文组织合作，在中国成都举办了亚洲青年文明对话论坛，收到了积极热烈的国际反响。2017年，双方再次携手，为"一带一路"沿线国家青年搭建对话平台，发挥青年在传承遗产、激发创新中的关键作用。而遗产与创意，恰恰是维护文化多样性、构建和平文化、促进可持续发展的两大核心要素。

联合国教科文组织正在研究将青年列为继非洲和性别平等之后的第三大

整体优先事项，在其《青年业务战略（2014—2017 年）》中指出，全球青年正在驱动和引领社会变革、创新、和平与可持续发展，应以综合的、多学科的手段重点提升青年的参与决策水平以及社会创新能力。在不到一周的时间里，参与论坛的青年在长沙和泉州深入探讨了如何利用新媒体、新技术和新思维促进丝绸之路遗产保护与文化创新，通过实地走访与互动交流分享了他们对历史的理解和对现实的思考，以青年的视角提出激发丝绸之路当代活力的建议。一路走来，这群富有热情、责任感与创造力的青年们用实际行动为推动"一带一路"国际合作作出了贡献。

国际良知遗址联盟理事会主席、原联合国教科文组织宗教和文明间对话部门负责人杜杜·迪安博士今年 76 岁，他思维缜密、感情饱满，全程参加论坛并与青年代表广泛互动，为本次论坛增添一抹亮色。这也让我想起自己 20 多年前在巴黎工作时，从电视上看到迪安博士率领联合国教科文组织海上丝绸之路考察队抵达泉州港的盛况，恰同学少年，风华正茂，书生意气，挥斥方遒。时光荏苒，2017 年年初中国正式向联合国教科文组织提出将"古泉州（刺桐）史迹"申报为世界文化遗产；而长沙，也正在积极申请加入联合国教科文组织创意城市网络。中国与联合国教科文组织的合作在一代代青年的奋斗中日新月异，丝绸之路友好往来相知相交的历史也在青年手中续写着新的篇章。

这个过程，生动而精彩，值得被记录下来。因此，我很感谢人民日报海外版的记者们全程参与、收集了本次活动中青年交流的点点滴滴，还深度采访了各国青年代表，结集形成本书。他们娓娓道来，用欣赏、互鉴、共享的观点对待彼此、看待世界。相信这本书会启发更多青年，像刘延东副总理对本次活动的寄语所言，为弘扬丝绸之路精神，推动不同文明交流互鉴，构建人类命运共同体作出贡献。

志合者，不以山海为远。海陆丝绸之路把青年的心联系起来，青年也将从这里走向未来，走出一条多元文明和谐共生、交相辉映的共赢之路。感谢所有参与本次活动的青年，以及为青年们提供支持与帮助的朋友们！

序三
沟通与希望

欧敏行
联合国教科文组织驻华代表

"希望（hope）"是一个美好的词语。它表达了对光明未来的积极愿景，也传递了对好事将至的殷切期待。"希望"是乐观主义者的座右铭。

有些人认为，当今世界面临贫困、气候变化、暴力冲突、水资源与食物短缺、极端主义等诸多挑战，"希望"是件奢侈品。对青年人而言，情况或许更加严峻。青年人面临失业的可能性接近于成年人的三倍；长期以来，青年人未能参与影响未来的重要决策过程；相较于其他年龄群体，青年人在社会上面临更大程度的排挤、责难和歧视。

即便如此，全球 12 亿青年仍宣示着其不可忽视的力量。借助社交媒体，不同地区的青年建立了超越地域、种族、阶层、宗教、性别和其他阻隔的紧密联系，勇于发出自己的声音，在经济社会和政治变革前沿展示青春的风采。从推动史上最大规模城镇化进程的青年农民工，到处于高科技创业企业中心的青年企业家，再到探索社会转型新模式的青年社会活动家，充满活力的青年人正在全球社会中谱写浓墨重彩的华章。这些乐观主义者不断提出意义非凡的创见，努力发现、发明、催化和创造新事物。每一天，他们都在改变世界。

青年人没有坐等老一辈人赋予其力量。青年人赋予自己力量。青年人坚信实现理想的磅礴力量源自团结一致的行动。同时，青年作为公民、学生、企业家、消费者、工人或者家庭成员，无论扮演什么社会角色，都奉献着自身的才干和热情。当代青年已经认识到沟通和对话的重要意义。通过沟通和对话，青年人能更好地分享经验、表达观点、激发创意，并寻找志同道合者付诸实施。同时，一个和谐的社群必须建立在成员彼此尊重、团结互助和良性沟通的基础上。也就是说，唯有每个成员感受到彼此间真切而温暖的紧密联系时，整个共同体才能发挥作用。

联合国教科文组织为"在人之思想中筑起保卫和平之屏障"而建立。经验表明，只有把相互隔离的群体转变为紧密团结的共同体，并且积极回应社会中最脆弱和边缘化人群的正当权益和诉求，和平才能真正实现。同青年人一样，联合国教科文组织致力于构建共同体，包括促进民族和国家间的相互理解、良性沟通。我们称之为"文化和解"。

构建共同体的一个关键环节是寻求共识。群体成员的归属感来自其一致的身份认同，这种认同也让彼此感受到更加紧密的联系。国家间的共同体构建——一种基于持久和平与合作共赢的文化和解——事关对共同历史的认知。这不仅包含理解彼此的观点、克服过往的异见，还意味着抛弃陈腐的怨恨，以获得更好的发展前景。文化和解事关建立跨越文化、代际以及其他阻碍的对话平台，以通过建设性的方式消解冲突，引领未来。

2017 年 4 月，联合国教科文组织、中国联合国教科文组织全国委员会、长沙市人民政府和泉州市人民政府共同主办了"一带一路"青年创意与遗产论坛，吸引了"一带一路"沿线 65 个国家的青年。"一带一路"沿线国家的青年人口占世界青年总人口的 70%。丝绸之路也是沿线国家共同历史的美好见证。千百年来，丝绸之路连通了不同地区的文明、民族和文化，不仅促进了商品贸易的发展，更汇聚了各地科学家、宗教领袖、教师、艺术家、商人和思想家的创意理念。正是创意理念的交流互鉴，塑造了今天的世界。

论坛期间，各国青年代表有机会了解不同地区人民的生活方式和文化特征。面对不同文化，既"各美其美"，也"美人之美"，进而"美美与共，天下大同"。建立自身的文化认同，需要创造性地汲取和转化我们共同的根基、历史和价值观。对自身文化的认同必然意味着对源自其他文化的创造性思维的认同。几个世纪以来，正是这些不同文化的创造性思维的交流互鉴塑造了今天的我们。在尊重、保护和促进文化多样性过程中，每个人都为整个"人类大家庭"作出了独特贡献。不断涌现的创意和丰富多样的遗产，让属于每个人的价值认同成为可能。大家共同的根基和独特的个性更成为未来合作的坚实基础。

参与本次青年论坛的各国青年代表一起交流，共同学习，分享创见，增进理解，并约定用未来的行动维系源自本次论坛的归属感和真挚情谊。

论坛结束后，这些青年将感想和体悟写成了本书中的文字。阅读和欣赏这些篇章，也就是聆听和思索世界青年的声音。青年人的声音，洋溢着寻求共识的喜悦和对共有未来的希望，真实而美好。

上篇

青年朋友

Youth Friends

请你做一个自我介绍。

我叫 Elsa，来自阿尔巴尼亚。我刚刚从历史系毕业，现在在阿尔巴尼亚文化部工作。

你如何看待中国与阿尔巴尼亚的关系？

阿尔巴尼亚和中国走过了同样的历史历程。我们有相似的文化、传统、舞蹈，甚至是生态环境。"一带一路"是与其他国家建立桥梁的最好办法。

你认为解决当今世界问题的办法是什么？

文化的真正使命是建立桥梁。

在教育青年人的方式里，没有比亲手解决自己身边的问题更好的方式了。如果我们不能把文化遗产传递给下一代，那么我们就会失去这些遗产的价值。年轻人不仅是未来的力量，更是当下的力量。

你会用什么词来形容中国？

美妙。最美妙的旅游目的地之一。

阿尔巴尼亚
Albania

国家：The Republic of Albania
姓氏：Myftaraj
名字：Elsa

【简介】

位于东南欧巴尔干半岛西部，北部和东北部分别与塞尔维亚、黑山和马其顿接壤，南部与希腊为邻，西临亚得里亚海。人口总数为 288 万（2017年 1 月），其中阿尔巴尼亚族占 82.58%。官方语言为阿尔巴尼亚语。

【"一带一路"新成果】

阿尔巴尼亚在欧洲交通中位置非常重要，能成为中国公司进入欧洲的"枢纽"。2015 年 11 月，中国民企与阿尔巴尼亚共和国和黑山共和国签署总价值 30 亿欧元的基础设施建设项目。其中包括与阿尔巴尼亚、黑山共同签署的西巴尔干蓝色走廊项目以及其与阿尔巴尼亚单独签署的阿尔巴尼亚全国骨干路网项目。这一系列项目的建成，将为巴尔干半岛架起一条与海岸线美景并驾齐驱的高速公路，也将成为串起海岸线多个国家交通的主要纽带。

请你做一个自我介绍。

我叫 Ahmad Wali，来自阿富汗，我是一名社会活动家。

你如何看待"一带一路"与阿富汗的关系？

阿富汗是个内陆国家，位于亚洲中部。"一带一路"给阿富汗带来了很大的希望。一方面，中国被认为是世界上生产率最高的国家之一；另一方面，很多消费大国，比如乌兹别克斯坦、土库曼斯坦和塔吉克斯坦都坐落于此。阿富汗很好地连接了中国和这些消费大国。这就是为什么我们认为"一带一路"具有重大的经济意义。政治上，阿富汗遭受了来自邻国的困扰，因为这些邻居认为他们的利益比阿富汗的利益更加重要。但"一带一路"落地之后，阿富汗将在中亚和南亚国家之间起到连接作用，这就意味着我们的邻居需要一个稳定的阿富汗，他们会关心阿富汗的安全，因为他们的产品将通过阿富汗进行进出口贸易。

参加这次活动，你有什么感受？

这次青年论坛由联合国教科文组织和中国政府共同主办，极大地鼓励了我，让我学到了很多。我们可以利用这种方式，来鼓励阿富汗的年轻一代来保护国家的物质和非物质文化遗产，同时通过增强创造性和文化来实现可持续发展的目标。

你会用什么词来形容中国？

这是我第一次来中国。我在这里看到了年轻人身上的领导力、专注和真诚，我相信这也是亚洲领导力的未来。

阿富汗
Afghanistan

国家：The Islamic Republic of Afghanistan
姓氏：Ahmadi
名字：Ahmad Wali

【简介】

亚洲中西部的内陆国家，东北部凸出的狭长地带与中国接壤。面积647500平方公里。

人口约3270万。普什图语和达里语是官方语言。逊尼派穆斯林占80%，什叶派穆斯林占19%，其他占1%。

【"一带一路"新成果】

2016年6月24日，国家主席习近平在塔什干会见阿富汗总统加尼。习近平指出，双方要落实好《中阿共同推进"一带一路"建设谅解备忘录》。

2017年3月29日，中国、阿富汗共建"一带一路"研讨会在阿富汗首都喀布尔举行。阿富汗外交部副部长希克马特·卡尔扎伊在研讨会上说："阿富汗连接中亚、南亚、中东和中国，良好的地理位置将促进'一带一路'倡议的实施，阿富汗将获得巨大的发展机遇。中阿货运班列开通、喀布尔—乌鲁木齐直飞航班复航就是两国务实合作的典范。"

请你做一个自我介绍。

我叫曼苏尔，来自阿联酋。我是清华大学的学生。

你如何看待"一带一路"？

我觉得"一带一路"，对我的国家来说是非常重要的。我的国家在中东，从很早以前跟中国就有很多交通和贸易的联系。

参加这次活动，你有什么感受？

我觉得我们可以向好多国家的朋友们学习、了解他们的文化。我想对联合国教科文组织和志愿者表示感谢，他们让我感觉非常愉快和快乐。

你会用什么词来形容中国？

幸福。我爱中国。

阿联酋

United Arab Emirates

国家: United Arab Emirates
姓氏: Mansour
名字: Al Derei

【简介】

　　位于阿拉伯半岛东部，北濒波斯湾。人口总数为930万，外籍人占88.5％，主要来自印度、巴基斯坦、埃及、叙利亚、巴勒斯坦等国。居民大多信奉伊斯兰教，多数属逊尼派。阿拉伯语为官方语言，通用英语。

【"一带一路"新成果】

　　2016年10月16日，中建六局与中建中东有限责任公司在迪拜正式签署了迪拜硅谷公园项目的施工分包合同，该项目在2017年实现奠基，此项目是"一带一路"上的示范项目之一。

　　2016年12月30日，中建钢构北方大区中标中东地区首座、迪拜最大、最先进的清洁燃煤电厂——哈翔清洁燃煤电厂一期钢结构安装工程。迪拜哈翔清洁燃煤电厂项目是《迪拜整体能源战略规划2030》中的重点项目，是阿联酋能源安全战略的重要组成部分。

请你做一个自我介绍。

我的名字是 Abdulwahab，来自阿曼。

你如何看待中国与阿曼的关系？

在历史上，阿曼和中国在基于丝绸之路的合作伙伴关系之下，有许多的贸易往来，两国关系被阿曼商人连接起来，也在中国留下了深刻的印记。我认为，这个全新的"一带一路"，也会卓有成效，将两个国家连接起来，创建一种更有效率的商业体系。

参加这次活动，你有什么感受？

我认为这个论坛教会了我们许多以前不知道的关于中国的知识，以及中国和其他国家之间的关系。通过论坛，我了解到阿曼人曾经在泉州建立起非常宏伟的纪念碑，现在成为中国的文化遗产。

你会用什么词来形容中国？

用一个词来形容中国，就是"惊艳"，让我对中国说一句话的话，那就是，在这里你能觅得平静，也能收获快乐。

阿曼

Oman

国家：Sultanate of Oman
姓氏：AL Maimani
名字：Abdulwahab Abdullah Darwish

【简介】

位于阿拉伯半岛东南部，面积 30.95 万平方公里。与阿联酋、沙特、也门接壤，濒临阿曼湾和阿拉伯海。沙漠占陆地总面积的 82%。人口 409.2 万（2014 年 12 月）。伊斯兰教为国教，90% 的本国穆斯林属伊巴德教派。官方语言为阿拉伯语，通用英语。

【"一带一路"新成果】

2017 年 4 月 19 日，中国—阿曼（杜库姆）产业园奠基典礼暨签约仪式在阿曼杜库姆经济特区举行，中阿双方在"一带一路"框架下的合作大计翻开新篇章。中国—阿曼（杜库姆）产业园占地 11.72 平方公里，拟建项目规划总投资 670 亿元人民币，包括石油化工、建筑材料、电子商务等 9 个领域。奠基仪式前，双方共同见证了 10 家中国企业签约入驻产业园。签约内容包括总投资 5.6 亿元人民币的海水淡化联产提溴项目、总投资 28 亿元人民币的发电站项目、计划投资 160 亿元人民币的天然气制甲醇及甲醇制烯烃项目等。

请你做一个自我介绍。

我叫 Jalil，来自阿塞拜疆，我是供应链专家，同时也是阿塞拜疆的青年社区的活跃成员。

你如何看待"一带一路"与阿塞拜疆的关系？

2015 年，阿塞拜疆与中国签订了一项备忘录，发展"丝绸之路经济带"。阿塞拜疆已经开始了自由贸易连接的基础设施建设，这是中国和欧洲之间最短货运通道的一部分。阿塞拜疆对中国来说是一个非常理想的选择，因为它连通许多欧洲和亚洲国家。

你认为解决当今世界问题的办法是什么？

我强烈建议每个国家都能理解不同国家的价值观，互相尊重。这种尊重只有通过交流才能实现，这就是我们今天相聚在中国的目的。因此，交流是创造更好的未来的关键因素。

参加这次活动，你有什么感受？

此次论坛展示了联合国教科文组织如何努力增强各个文化之间的联系，创造更好的未来。我还想感谢志愿者们，他们用微笑、热情和善良出色地完成了工作。他们的确是中国的未来。

你会用什么词来形容中国？

中国是一个非常独特的国家，不仅仅是外表的丰富，它还拥有很多传统价值和创意。

阿塞拜疆

Azerbaijan

国家：The Republic of Azerbaijan
姓氏：Ganbarov
名字：Jalil

【简介】

位于外高加索东南部。北靠俄罗斯，西部和西北部与亚美尼亚、格鲁吉亚相邻，南接伊朗，东濒里海。人口959万，主要为阿塞拜疆族（占90.6%）。主要信仰伊斯兰教，官方语言为阿塞拜疆语，居民多通晓俄语。

【"一带一路"新成果】

近年来中阿经贸关系发展顺利。2016年，中阿贸易额7.58亿美元，同比增长14.5%。2015年12月，阿塞拜疆共和国总统伊利哈姆·阿利耶夫对中国进行了国事访问。双方签署中阿政府间关于共同推进丝绸之路经济带建设的谅解备忘录，标志着两国务实合作迈入新阶段。阿塞拜疆总统阿利耶夫曾表示，阿方高度重视建立在传统友好、政治互信基础上的阿中关系。中国提出的"一带一路"倡议与阿塞拜疆的"复兴古丝绸之路"战略不谋而合，阿方支持并愿积极参与共建"一带一路"，推动双方在经贸、能源、交通、旅游等各领域务实合作。

4月17日，"一带一路"青年创意与遗产论坛在湖南长沙岳麓书院开幕。来自"一带一路"65个沿线国家的青年代表，联合国教科文组织官员和专家、有关国家驻华使节共100余人出席论坛。国务院副总理刘延东向中外青年代表致寄语。

请你做一个自我介绍。

我叫 Fazil Gasimov，来自阿塞拜疆。目前在土耳其伊斯坦布尔的一家银行工作。还想提一下，我同时也为阿塞拜疆的非政府机构工作，这家机构的目标是保护并促进阿塞拜疆的文化传统，特别是其传统音乐。

你如何看待"一带一路"与阿塞拜疆的关系？

阿塞拜疆政府紧紧跟随并支持中国的"一带一路"倡议，我很高兴看到在重建古老的丝绸之路的过程中，中国和阿塞拜疆有着共同的利益。阿塞拜疆不仅坐落于丝绸之路沿线，而且还同地区合作伙伴以及中国共同发起并实施一些项目。比如，去年阿塞拜疆和几个地区合作伙伴共同建设了一条跨越里海的交通路线，以确保"一带一路"沿线商品的无障碍运输。

参加这次活动，你有什么感受？

志愿者的热情好客、友善谦逊给我留下了深刻印象。意识到我们的价值观、方法和想法的相似之处让我觉得很开心。感谢你们让我觉得很特别。

你会用什么词来形容中国？

中国人民头脑聪明、自律努力、谦逊礼貌。我想呼吁大家来发现世界的这个部分。想对我们的领导人说，你们在"一带一路"高峰论坛上所作出的任何一个决定都可能对丝绸之路上的文明发展起到重要作用。作为一名青年代表，我希望你们能够在青年就业和为所有人提供平等机会方面多花时间。

阿塞拜疆

Azerbaijan

国家：The Republic of Azerbaijan
姓氏：Gasimov
名字：Fazil

【简介】

位于外高加索东南部。北靠俄罗斯，西部和西北部与亚美尼亚、格鲁吉亚相邻，南接伊朗，东濒里海。人口959万，主要为阿塞拜疆族（占90.6%）。主要信仰伊斯兰教，官方语言为阿塞拜疆语，居民多通晓俄语。

【"一带一路"新成果】

近年来中阿经贸关系发展顺利。2016年，中阿贸易额7.58亿美元，同比增长14.5%。2015年12月，阿塞拜疆共和国总统伊利哈姆·阿利耶夫对中国进行了国事访问。双方签署中阿政府间关于共同推进丝绸之路经济带建设的谅解备忘录，标志着两国务实合作迈入新阶段。阿塞拜疆总统阿利耶夫曾表示，阿方高度重视建立在传统友好、政治互信基础上的阿中关系。中国提出的"一带一路"倡议与阿塞拜疆的"复兴古丝绸之路"战略不谋而合，阿方支持并愿积极参与共建"一带一路"，推动双方在经贸、能源、交通、旅游等各领域务实合作。

请你做一个自我介绍。

我叫 Basma，来自埃及。我的名字的意思是微笑。我是开罗大学机械工程专业的大四学生。

你如何看待中国与埃及的关系？

我埃及和中国的关系源远流长。现在，在中国和埃及人民的共同努力下，两国的关系将会越来越好。

你认为解决当今世界问题的办法是什么？

让世界变得更好，我觉得我们应该建立一个青年网络，让世界各国的年轻人都能实现美好的未来。

参加这次活动，你有什么感受？

我要感谢联合国教科文组织邀请我代表我的国家参加这次活动，跟 65 个国家的年轻人分享我的观点。这次论坛非常成功。非常感谢！

你会用什么词来形容中国？

热情好客。中国人民非常友好，我会再回来的。

埃及
Egypt

埃及
Egypt

国家：The Arab Republic of Egypt
姓氏：Kamel
名字：Basma Medhat Mohamed

【简介】

　　埃及跨亚、非两大洲，大部分位于非洲东北部，只有苏伊士运河以东的西奈半岛位于亚洲西南部。西连利比亚，南接苏丹，东临红海并与巴勒斯坦、以色列接壤，北濒地中海。埃及官方语言为阿拉伯语。

【"一带一路"新成果】

　　埃及政府支持"一带一路"建设并且积极参与其中，并专门成立了一个由总理牵头、各相关部门负责人参与的特别小组，每月定期举行会议推进相关项目的落实。埃及已成为亚洲基础设施投资银行的创始成员国。目前，在埃及有许多由中国公司主导建设的大型工程项目，"苏伊士运河走廊"、埃及新行政首都等大型建设工程都已经展开。中国向埃主要出口机电产品和纺织服装等，自埃主要进口原油、液化石油气和大理石等。中国已成为埃及第一大贸易伙伴。

请你做一个自我介绍。

我名字叫 Kadri，来自爱沙尼亚。我是一名商务记者，在零售管理行业工作。

你如何看待"一带一路"与爱沙尼亚的关系？

爱沙尼亚一直是亚洲和欧洲之间的门户要地，我看见了一扇机会之窗打开，让爱沙尼亚有机会成为"一带一路"倡议的一分子。

你认为解决当今世界问题的办法是什么？

我觉得我们都应该去站在彼此的位置上思考问题，相互理解，对于我们的国家、文化还有宗教，都是这样。

参加这次活动，你有什么感受？

这个论坛聚集了很多人，想要为他们的社会作出一份贡献。希望将来我们能把通过论坛学到的这些知识付诸实践。

爱沙尼亚

Estonia

国家: The Republic of Estonia
姓氏: Kouts
名字: Kadri Karolin

【简介】

　　位于波罗的海东岸，东与俄罗斯接壤，南与拉脱维亚相邻，北邻芬兰湾。人口 131.3 万（2015 年 1 月）。主要民族有爱沙尼亚族、俄罗斯族、乌克兰族和白俄罗斯族。主要信奉基督教路德宗、东正教和天主教。官方语言为爱沙尼亚语。英语、俄语亦被广泛使用。

【"一带一路"新成果】

　　2016 年 11 月，在第五次中国—中东欧国家领导人会晤期间，世福资本管理有限公司、爱沙尼亚 Richmond Capital 公司、中国铁建国际集团有限公司签署了关于爱沙尼亚北海岸物流园项目的合作备忘录。该项目合作意向书已经签署，开工建设拟于 2017 年启动。

　　2016 年 5 月，中爱双方签署《爱沙尼亚共和国农村事务部和中华人民共和国国家质量监督检验检疫总局关于爱沙尼亚输华乳品动物卫生和公共卫生条件议定书》，为爱沙尼亚乳制品打开了中国市场的大门。

请你做一个自我介绍。

我是来自巴基斯坦的 Abdullah Bin Shabbir，是一名医学学生。

你如何看待"一带一路"与巴基斯坦的关系？

不论从经济上还是地缘政治上来说，巴基斯坦对"一带一路"倡议都很重要。"一带一路"倡议对巴基斯坦和其他国家也很重要，将提供商业和就业机会。

参加这次活动，你有什么感受？

非常感谢联合国教科文组织、长沙市和泉州市政府组织了这次活动。活动真的很棒。它激励我们，也让我们开了眼界。这次活动也消除了我来中国之前所怀的成见。

要解决我们的问题，大家就要携手合作，不是以各自国家的每个公民为单位，而是作为全球公民一起行动。我认为我们应该坐下来探讨，相互倾听、相互理解来解决问题。这样，才能真正找到让这个世界变得更美好的方法。

巴基斯坦
Pakistan

国家：The Islamic Republic of Pakistan
姓氏：Shabbir
名字：Abdullah Bin

【简介】

位于南亚次大陆西北部，东北与中国毗邻，海岸线长 980 公里。总面积 796095 平方公里（不包括巴控克什米尔地区）。人口 1.97 亿。乌尔都语为国语，英语为官方语言。95% 以上的居民信奉伊斯兰教（国教），少数信奉基督教、印度教和锡克教等。中国与巴基斯坦是全天候战略合作伙伴关系。

【"一带一路"新成果】

2016 年 5 月 21 日，国家主席习近平同巴基斯坦总统马姆努恩·侯赛因就中巴建交 65 周年互致贺电。习近平在贺电中说，中国视巴基斯坦为推进"一带一路"建设的重要伙伴，"中巴经济走廊"的建设将为打造中巴命运共同体奠定坚实基础。

2016 年 1 月 11 日，"中巴经济走廊"首个大型水电项目——巴基斯坦卡洛特水电项目主体工程正式开工。

2016 年 11 月，瓜达尔港正式开航，这也是瓜达尔港第一次大规模向海外出口集装箱。巴基斯坦总理谢里夫主持了开航仪式。

请你做一个自我介绍。

我叫 Mahmoud Almughany，来自巴勒斯坦。我在中国的西安交通大学学习。

你如何看待中国与巴勒斯坦的关系？

中国政府和我国政府关系非常好。不仅有政治上的联系，也有工业上的联系。实际上，我的国家情况很特殊，但中国人民和中国政府总是会支持我们。

参加这次活动，你有什么感受？

我对这次论坛的感觉很好。我们访问了中国的长沙和泉州。我们会怀念它们。我想感谢所有支持联合国教科文组织、中国政府以及为此作出努力的每一个人。

你会用什么词来形容中国？

非常棒！
我爱中国。
带我去跟他们开会吧。

巴勒斯坦

Palestine

国家：The State of Palestine
姓氏：Almughany
名字：Mahmoud N.M.

【简介】

位于亚洲西部，地处亚、非、欧三洲交通要冲，面积 5884 平方公里。人口约 1200 万人，其中加沙地带和约旦河西岸人口为 481 万（2016 年 3 月），其余为在外的难民和侨民。通用阿拉伯语，主要信奉伊斯兰教。

【"一带一路"新成果】

2017 年 4 月 19 日，"巴勒斯坦与'一带一路'"中巴经贸合作投资研讨会上，巴勒斯坦驻华大使法里兹·马赫达维说："'一带一路'意味着基于共同受益的前提下，中巴双方的良好互动，希望更多中企能在'一带一路'倡议下走进巴勒斯坦。"他介绍说，现阶段中巴之间的交流主要集中在人文交流层面，其实在基建、旅游等方面也有很多合作机遇。巴勒斯坦是一片机遇之地，企业在巴勒斯坦投资也可借机将合作延伸至其他阿拉伯国家，而且一些重大项目还享有激励措施。

马来西亚女孩 Sheueli 在自己烧制的
陶罐上用汉字写下"一带一路·长沙"字样。

请你做一个自我介绍。

你好，我叫 Ali。我是西安交通大学的医学生。

你如何看待中国与巴林的关系？

我觉得巴林和中国之间的关系友好，不过可以变得更好。

参加这次活动，你有什么感受？

国际青年论坛对我们来说是非常好的自我提升的机会。非常感谢联合国教科文组织给我们这次机会，也感谢帮助我们的志愿者们。

你会用什么词来形容中国？

中国在拯救文化遗产和创造未来方面是世界楷模。

巴林

Bahrain

国家：The Kingdom of Bahrain
姓氏：Alnashaba
名字：Ali（王伟）

【简介】

    巴林是位于波斯湾西南部的岛国。介于卡塔尔和沙特阿拉伯之间，国土面积 767 平方公里。巴林与沙特有跨海大桥相连接。巴林的语言为阿拉伯语和英语。85%的居民信奉伊斯兰教。

【"一带一路"新成果】

    2017 年 1 月，巴林王国首都省省长希沙姆接受媒体采访表示，位于中东腹地的巴林享有得天独厚的地理位置优势，巴林大力支持中国的"一带一路"愿景，能够推动"一带一路"愿景的发展。

    中国很多知名企业已经在巴林设立了业务运营，其中包括华为、中国银行、中国太平洋保险和中国中东贸易投资促进中心等。

请你做一个自我介绍。

我叫 Nadzeya，来自白俄罗斯。我是一名电力工程师，也是我国最大的模拟联合国组织的一名组织者。

你如何看待"一带一路"？

"一带一路"对我国的未来具有重大意义。我们将和中国政府联手修建更多的作业区域、新设施以及物流中心。

我认为，只有我们在一起，才能有足够的力量来应对我们今天所面临的所有问题。这个国际青年论坛，就是跨文化国际合作的最佳典范。

参加这次活动，你有什么感受？

这次国际青年论坛，是一个非常强大的工具。它能帮助来自全球各地的人们进行交流、共同创造。同时，该论坛也能帮助全球各地的青年人互相认识、共同创造出有意义的事来。它也是国际团队相互认识的地方。

你会用什么词来形容中国？

多样性。中国是个很棒的国家，有着多样的文化和丰富的传统。

白俄罗斯

Belarus

国家：The Republic of Belarus
姓氏：Papkova
名字：Nadzeya

【简介】

位于东欧平原西部，东邻俄罗斯，北、西北与拉脱维亚和立陶宛交界，西与波兰毗邻，南与乌克兰接壤。人口 950.5 万（2016 年 10 月）。有 100 多个民族，其中白俄罗斯族占 81.2%。

【"一带一路"新成果】

中国是白第三大贸易伙伴，也是白在亚洲最大的贸易伙伴。

中白两国正在合作共建的"巨石"工业园，在 2017 年 4 月底完成园区一期"起步区"的基础设施建设。这是白俄罗斯第一个全球化工业园区，建成后将成为辐射欧亚市场的重要枢纽、"一带一路"上的标志性项目。2017 年 4 月 20 日，中国、白俄罗斯、德国、哈萨克斯坦、蒙古、波兰、俄罗斯七国铁路部门签署了《关于深化中欧班列合作协议》。

请你做一个自我介绍。

我叫 Denislav Stoychev，来自保加利亚。我是一名摄影记者，同时也是一家摄影基金会的项目协调人。

你如何看待"一带一路"？

我很支持这项创举。在这个全球化的世界，中心仍然偏向于西方工业国家。亚洲国家落后于世界其他地区，因此我认为这一创举能够帮助全球实现力量均衡，让亚洲国家更具代表性。

你会用什么词来形容中国？

我认为中国很光明。

光明的。

希望每个人好运常在。

保加利亚

保加利亚

Bulgaria

国家：The Republic of Bulgaria
姓氏：Stoychev
名字：Denislav

【简介】

　　位于欧洲巴尔干半岛东南部，北与罗马尼亚隔多瑙河相望，西与塞尔维亚、马其顿相邻，南与希腊、土耳其接壤，东临黑海。人口 717.8 万人（2015 年）。其中保加利亚族占 84%。保加利亚语为官方和通用语言，土耳其语为主要少数民族语言。

【"一带一路"新成果】

　　在"16+1"的合作机制中，基于丰富的农产品和乳制品资源，保加利亚是中国与中东欧国家的农业协调国。2017 年 4 月，保加利亚"一带一路"全国联合会在首都索非亚成立，将进一步加强中保在"一带一路"建设方面的合作。保加利亚外交部亚太司司长奥尔贝佐夫致辞说，"一带一路"全国联合会将成为促进保中关系发展的一个长期有效的平台，将在推动保政府部门和公众更全面地了解和参与"一带一路"倡议方面发挥强有力的作用。

请你做一个自我介绍。

我叫 Marek Swidrak，来自波兰。我是一名律师、艺术历史学者和艺术商。

你如何看待"一带一路"与波兰的关系？

我觉得"一带一路"倡议令人激动，我们在波兰叫它新丝绸之路。我觉得波兰是"一带一路"的一部分，它会从中获益良多，尤其是罗兹这座城市。

参加这次活动，你有什么感受？

我很高兴来中国参加这次青年论坛。我很开心，这是一次很棒的活动。

你会用什么词来形容中国？

中国对我来说是一个非常神秘的国家，我给它的一个形容词是多样化。

波兰

Poland

国家：The Republic of Poland
姓氏：Swidrak
名字：Marek Maciej

【简介】

首都华沙，人口 3843 万（2016 年 11 月）。其中波兰族约占 98%。位于欧洲中部，西与德国为邻，南与捷克、斯洛伐克接壤，东邻俄罗斯、立陶宛、白俄罗斯、乌克兰，北濒波罗的海。官方语言为波兰语。全国约 90% 的居民信奉罗马天主教。

【"一带一路"新成果】

2016 年 6 月 20 日，习近平同波兰总统杜达共同出席丝路国际论坛暨中波地方与经贸合作论坛开幕式。2013 年至 2016 年，中波双边贸易额从 148 亿美元增加到 176 亿美元，年均增速 6%。波兰的乳制品、酒类、水果等特色优质农副产品已经出现在中国消费者餐桌上。中国对波非金融类投资存量从 1.6 亿美元增加到 3.7 亿美元。目前中国企业在波承接 7 个工程承包项目，项目总金额 3.6 亿美元。

请你做一个自我介绍。

你好，我叫 Alen Hadziefendic，我来自波斯尼亚和黑塞哥维那。目前我是一名心理学家。

你如何看待"一带一路"？

关于"一带一路"倡议，我的国家必须更加积极专注于与这个倡议相关的问题。

参加这次活动，你有什么感受？

我很高兴能来到这个论坛，不同文化碰撞在一起的时候就会产生新的想法。我想这对促进和保护全球各国特别是丝绸之路沿线国家的传统文化至关重要。

你会用什么词来形容中国？

我想用"辣"来形容中国。辣。因为食物很辣。

波黑
Bosnia and
Herzegovina

波斯尼亚和黑塞哥维那
Bosnia and Herzegovina

国家：Bosnia and Herzegovina
姓氏：Hadziefendic
名字：Alen

【简介】

位于巴尔干半岛中西部。南、西、北三面与克罗地亚毗邻，东与塞尔维亚、黑山为邻。人口总数为 382 万（2014 年）。主要民族为波什尼亚克族（即原南斯拉夫时期的穆斯林族），约占总人口 43.5%。官方语言为波什尼亚语、塞尔维亚语和克罗地亚语。

【"一带一路"新成果】

斯坦纳里火电站是设计装机容量 30 万千瓦的燃煤火电站项目，由中国公司承建，2016 年 1 月首次并网发电成功。斯坦纳里火电站是中波建交以来首个大型基础设施合作项目。

波黑外交部部长茨尔纳达克认为，"'一带一路'倡议致力于改善沿线国家民生，并将促进这些国家经济发展，是一项伟大的事业。该倡议让波中务实合作迎来新契机。"

　　4月17日晚，大型烟花表演在湘江橘子洲头举行。绽放的烟花不仅照亮了夜空和江面，也点燃了各国青年心中的激情。

请你做一个自我介绍。

我叫 Dorji Wangdi，是一名中学毕业生。

你如何看待"一带一路"？

我的国家参与了"一带一路"建设。我认为这是个不错的机会，有利于我的国家放眼看世界。我们来自不同的文化、属于不同的民族、说着不同的语言，如果我们想让世界变得更加美好，那必须团结起来。地球是大家的，我们必须携起手来共同行动。

参加这次活动，你有什么感受？

我在这次论坛上学到了很多。很感谢联合国教科文组织给了我这次机会。同时也非常感谢志愿者们，让我在这期间过得很开心。

你会用什么词来形容中国？

中国是个美丽的国家，中国人民很棒！很棒！

不 丹
Bhutan

不丹
Bhutan

国家：Kingdom of Bhutan
姓氏：Wangdi
名字：Dorji

【简介】

不丹位于喜马拉雅山脉东段南坡，其东、北、西三面与中国接壤，南部与印度交界，为内陆国。国土面积约 3.8 万平方公里，人口约 78 万。其中不丹族约占总人口的 50%，尼泊尔族约占 35%。官方语言为不丹语"宗卡"，藏传佛教（噶举派）为国教。

【"一带一路"新成果】

截至 2016 年 6 月，中国在不丹累计签订工程承包合同额 1106 万美元，完成营业额 102 万美元。

2014 年 2 月，文化部组织中国艺术团赴不丹首都廷布举行访演。2015 年 11 月，不丹政府官员来华观摩中不足球赛并赴北京、拉萨参观访问。2016 年 10 月，不丹王国农业大臣益西·多吉率跨部门代表团来华访问。

请你做一个自我介绍。

我叫 Fernando，来自东帝汶。我是国际关系专业学生，同时也是东帝汶一家智库的成员，主要研究和平、冲突和社会。

你如何看待"一带一路"？

"一带一路"是拉近人们距离的一个崭新的经济计划，旨在创造融合度更大的经济发展。中国一直都很重视与其他国家的关系。近几年，我们的政府积极加入"一带一路"的对话和会议。我们相信，随着中国的和平崛起，巨龙走向世界，将会创造更多的繁荣，团结各国，改善国际秩序，为发展中国家，特别是东帝汶，带来更多机会。

你认为解决当今世界问题的办法是什么？

自古以来，世界就围绕着经济体系发展。如今，经济本身已经成为一个危险的因素，我强烈认为我们急需改变经济体系，创造一个基于团结、经济和社会发展平衡、可持续和包容的社会经济体系。

参加这次活动，你有什么感受？

首先，我在这次论坛上学到了很多，交到了很多朋友，我们互相交流观点。在论坛中，我认识到文化可以成为解决全球经济社会问题的基本办法。我相信，随着世界文明大国意识的觉醒，文化将会在整个社会和经济框架内扮演领导的角色，解决人类面临的所有问题。

你会用什么词来形容中国？

兼容并蓄。这并不意味着它盲目接受其他社会的观点，它有自己的独特之处，用正确的方法创造一个更好的世界。

东帝汶
Timor-Leste

国家：Democratic Republic of Timor-Leste
姓氏：Ximenes
名字：Fernando Avelino Teofelo

【简介】

位于努沙登加拉群岛东端的岛国，包括帝汶岛东部和西部北海岸的欧库西地区以及附近的阿陶罗岛和东端的雅库岛。人口总数 116.7 万（2015 年人口普查数据），其中 78% 为土著人（巴布亚族与马来族或波利尼西亚族的混血人种），20% 为印尼人，2% 为华人。约 91.4% 人口信奉天主教。德顿（TETUM）语和葡萄牙语为官方语言，印尼语和英语为工作语言，德顿语为通用语和主要民族语言。

【"一带一路"新成果】

2015 年 9 月 2 日，习近平主席在北京钓鱼台国宾馆会见东帝汶总统鲁瓦克。

2015 年 1 月 8 日，东帝汶总理签发授标函，由中海外牵头，中海外和中铁一局组成的联营体成功中标东帝汶 Suai-Beaco 高速公路第 1 标段项目，合同金额 2.98 亿美元，这代表着中国中铁成功步入东帝汶市场。

请你做一个自我介绍。

我是 Nargiz，我来自俄罗斯。我是一名文化遗产研究的研一学生。

你如何看待"一带一路"？

我认为"一带一路"一定会极大改变我的国家的基础设施发展。

你认为解决当今世界问题的办法是什么？

我觉得我们应该从自身做起，更多地关注我们消费的东西和我们身处的环境。

参加这次活动，你有什么感受？

此次论坛激发了我在自己国家实施很多项目的想法。非常感谢联合国教科文组织、中国和志愿者们，你们给我们创造了一个非常友好和充满灵感的与会环境。非常感谢。

你会用什么词来形容中国？

世界。这里好像是一个完全不同的世界。

俄罗斯

Russia

国家：Russian Federation
姓氏：Aituganova
名字：Nargiz

【简介】

面积 1709.82 万平方公里，地跨欧亚两大洲，是世界上疆域最大的国家。人口 1.46 亿，民族 194 个，其中俄罗斯族占 77.7%，是世界上民族最多的国家之一。俄语是俄罗斯联邦全境内的官方语言。主要宗教为东正教。

【"一带一路"新成果】

2015 年 6 月，中俄东线天然气管道（"西伯利亚力量"）中国境内段正式开工建设。

2016 年 6 月，"莫斯科—喀山高铁"项目签订，系中国高铁"走出去"第一单，项目总投资约 167 亿美元，将把两个城市之间的列车运行时间从 12 个小时缩短到 3.5 个小时。

2016 年 11 月 19 日，国家主席习近平在利马会见俄罗斯总统普京，普京表示，俄方期待着同中方共同推进欧亚经济联盟建设同"一带一路"建设对接合作。

请你做一个自我介绍。

我叫 Katrina，我来自菲律宾，在菲律宾一个非营利组织担任项目负责人。

你如何看待"一带一路"与菲律宾的关系？

菲律宾一直与邻国保持良好关系，不仅在亚洲，也与其他"一带一路"沿线国家保持友好关系。我觉得这个项目是沿线国家加强联系的好机会。

你认为解决当今世界问题的办法是什么？

我觉得我们应该增加创业和遗产保护，这次论坛让我学习到不仅要在我自己的国家，还应该在其他"一带一路"沿线国家发展更多创意产业。同时，我们要回归本源，思考我们自己的文化和遗产保护。

参加这次活动，你有什么感受？

首先要感谢论坛组织者，联合国教科文组织和中国政府。我在论坛上学到了很多。它让我打开了眼界，接触到不同文化，也增进了我的国家和中国的关系。同时，我意识到作为一个菲律宾人，发展创意产业和保护我们自己的文化遗产是非常重要的。

菲律宾
Philippines

菲律宾
Philippines

国家：Republic of the Philippines
姓氏：Bayog
名字：Katrina Coleen

【简介】

　　菲律宾位于亚洲东南部。北隔巴士海峡与中国台湾地区遥遥相对，西濒南中国海，东临太平洋。共有大小岛屿 7000 多个，其中吕宋岛、棉兰佬岛、萨马岛等 11 个主要岛屿占全国总面积的 96%。海岸线长约 18533 公里。

【"一带一路"新成果】

　　中国与菲律宾经贸合作主要体现在贸易、投资、园区建设、重大基础设施建设、多边和区域合作等方面。中菲双方已经商定在菲律宾共建工业园区，推动菲律宾的现代化、工业化。2017 年 4 月，第 30 届东盟峰会上，菲律宾总统杜特尔特表示，"一带一路"倡议是中国提出的发展经济的理论，同时也正在帮助邻国经济发展，扩大市场。杜特尔特还提及中国承诺在菲律宾援建的桥梁项目，特别向中国表示感谢，称他期待中国能为菲律宾的发展提供更多帮助。

兴奋地看着烟花表演的青年们。

请你做一个自我介绍。

我的名字叫 Nino，来自格鲁吉亚。在北京理工大学学习，专业是生命科学，现在是在读博士，这已经是我第二年在中国学习了。

你如何看待"一带一路"？

我觉得"一带一路"不仅对于沿线国家非常重要，对于整个世界也意义非凡。

你认为解决当今世界问题的办法是什么？

建立一个更美好的世界，我认为这并不是件难事。只要我们抱着诚心，好好去做分内的工作，尽我们最大的努力去尊重彼此，还有彼此的文化，这就是最好的方式了。诚实地去工作，不论对方的身份，彼此尊重。

参加这次活动，你有什么感受？

我非常感激这次论坛，因为对我来说这是一个非常好的机会，能够让我见到来自"一带一路"沿线不同国家的人们，还在两座美丽的城市对中国文化有了一次如此良好的体验。我觉得这也是一种很好的挑战，论坛不仅使我们受益良多，也在全世界范围内有着重要意义。我觉得我们应该给其他人树立起这种榜样，多多举办这样的论坛。

你会用什么词来形容中国？

博大。

格鲁吉亚
Georgia

国家：Georgia
姓氏：Rcheulishvili
名字：Nino

【简介】

位于南高加索中西部。北接俄罗斯，东南和南部分别与阿塞拜疆和亚美尼亚相邻，西南与土耳其接壤，西邻黑海。人口 372 万。主要为格鲁吉亚族（占 86.8%）。官方语言为格鲁吉亚语，居民多通晓俄语。

【"一带一路"新成果】

2015 年 3 月，中格签署了关于加强共建"丝绸之路经济带"合作的备忘录。格鲁吉亚是中国在东欧地区开展自贸协定谈判的第一个国家。格鲁吉亚是亚洲基础设施投资银行的创始成员国和最早批准该银行章程的国家之一。

2015 年 10 月，格鲁吉亚和中国共同举办了"2015 第比利斯丝绸之路国际论坛"，34 个国家的代表参加了论坛。论坛为沿线国家和国际组织创造了高级别的交流平台，对促进各国和组织间的运输、能源、贸易和商务往来的合作发挥了积极作用。

请你做一个自我介绍。

我叫 Polina，来自哈萨克斯坦，是一名记者。我在哈萨克斯坦出生长大，我们的国家有 5000 公里的丝绸之路带。

你会用什么词来形容中国？

我对中国的地大物博印象深刻，我之前就了解这是一个有着伟大人民和悠久历史的国家。

你如何看待中国与哈萨克斯坦的关系？

我们应该学习中国保护文化遗产的经验。

哈萨克斯坦

Kazakhstan

国家：The Republic of Kazakhstan
姓氏：Shakula
名字：Polina

【简介】

位于亚洲中部。北邻俄罗斯，南与乌兹别克斯坦、土库曼斯坦、吉尔吉斯斯坦接壤，西濒里海，东接中国。人口1792.6万（截至2017年1月），50%以上居民信奉伊斯兰教（逊尼派）。此外，还有东正教、天主教和佛教等，有140个民族，其中哈萨克族占65.5%，俄罗斯族占21.4%。

【"一带一路"新成果】

2016年，中哈双边贸易额为130.93亿美元。2015年3月，两国签署"中哈产能合作"计划，涵盖广泛领域的33份产能合作文件，项目总金额达236亿美元。2016年9月，中哈双方签署了"丝绸之路经济带"与"光明之路"新经济政策对接合作规划。双方就产能合作建立了常态化合作机制，确定了51个重点项目，总金额达到了270亿美元。当前中哈在油气等领域开展良好合作。双方共同修建了中国第一条跨境输油管线——中哈原油管道。

请你做一个自我介绍。

你好，我的名字是 Almira，来自黑山，我是上海交通大学的一名学生，也热心公益活动。

你认为解决当今世界问题的办法是什么？

我们应该尊重其他人的文化，用开放的心态和宽容的态度去对待他人。

参加这次活动，你有什么感受？

这个论坛非常成功，对年轻人来说也是一个独特的机会，让他们可以去体验中国的文化，其他丝路沿线国家的文化。

你会用什么词来形容中国？

一个词，那就是"古老"吧。中国是一个独特的国家，传统和价值观都源远流长。

黑山
Montenegro

国家：	Montenegro
姓氏：	Mucic
名字：	Almira

【简介】

　　位于欧洲巴尔干半岛中西部，面积 1.38 万平方公里。西南部地区濒临亚得里亚海，海岸线长 293 公里。西部和中部为丘陵平原地带，北部和东北部为高原和山地。官方语言是黑山语，主要宗教是东正教。人口约 63 万。黑山族占 43.16%、塞尔维亚族占 31.99%。

【"一带一路"新成果】

　　黑山是中国与中东欧合作及中国"一带一路"倡议的积极参与者。2014 年 12 月 14 日，由中国公司承建的黑山南北高速公路斯莫科瓦茨—马特塞沃段项目正式启动。项目的建成将实现互联互通，增强巴尔港竞争力，拉动黑山和周边国家的经济发展。2017 年 3 月 4 日，黑山总理马尔科维奇率黑交通与海运部长、旅游与可持续发展部长和财政部长视察黑山南北高速公路建设工地。马尔科维奇对中国公司在黑山当地施工作业之余，积极履行社会责任，帮助当地居民改善用水、用电等条件的做法表示高度赞赏。

请你做一个自我介绍。

我的名字是 Algul，来自吉尔吉斯斯坦，在北京语言大学读博士。

你如何看待"一带一路"？

"一带一路"倡议跟我的国家有密切的关系，因为吉尔吉斯和中国是特别好的邻居。古代的丝绸之路也是通过吉尔吉斯的。

希望通过"一带一路"，世界可以得到和谐。

参加这次活动，你有什么感受？

参加这次的论坛，我很高兴，这也是特别不易得到的一个机会。感谢老师们给我这个机会。

你会用什么词来形容中国？

完美。中国是一个伟大的国家，有特别深厚、特别有意思的文化，我很喜欢中国。

吉尔吉斯斯坦

Kyrgyzstan

国家：The Kyrgyz Republic/Kyrgyzstan
姓氏：Midin Kyzy
名字：Algul

【简介】

位于中亚东北部，北邻哈萨克斯坦，西南邻塔吉克斯坦，西邻乌兹别克斯坦，东南面和东面与中国新疆维吾尔自治区接壤。人口 678 万（截至 2016 年 7 月），有 80 多个民族，其中吉尔吉斯族占 69.2%，乌兹别克族占 14.3%。70%居民信仰伊斯兰教，多数属逊尼派。

【"一带一路"新成果】

中国是吉尔吉斯斯坦第一大贸易伙伴和第二大投资来源国。2016 年，中吉双边贸易额 56.76 亿美元，同比增长 30.8%。其中中方出口 56.05 亿美元，同比增长 30.9%。

2016 年 1 月，吉尔吉斯斯坦副总理古利米拉·库代别尔耶娃表示，"一带一路"连接了东西文化，代表了和平和友谊，也代表了不同区域的人文交流和世界各地的交流。"一带一路"推进了吉尔吉斯斯坦与中国的合作，两国的合作也能推进丝绸之路的发展，实现互利。

在湖南的民俗街——火宫殿，各国青
年代表和嘉宾共同欣赏湘剧。

请你做一个自我介绍。

我叫 Ouk Channita。我来自柬埔寨。我目前在一个国际组织做联络和财务助理，这个组织叫做 SIPAR Organization，它的宗旨是在柬埔寨推广图书馆和出版图书。

你如何看待"一带一路"？

在我看来，"一带一路"倡议是中国加强与丝路沿线国家往来的方式。我在柬埔寨，就看到很多来自中国的投资，投资领域广泛，有建筑、工厂等等。这展现了中国和柬埔寨的良好关系。我相信这个倡议将会继续增进合作，促进各国经济，并为柬埔寨的年轻人提供就业机会。

参加这次活动，你有什么感受？

能够代表柬埔寨参加这次国际青年论坛，我感到非常骄傲。只有一位柬埔寨青年能够作为代表来参加这次论坛。这次论坛的主题鲜明，探讨丝绸之路国家的创意和遗产。同时，我也能够与其他参与者分享我国的文化和遗产。代表们来自 65 个国家，这是一个与其他国家青年分享传播文化和遗产的好机会。

柬埔寨
Cambodia

国家：Kingdom of Cambodia
姓氏：Ouk
名字：Channita

【简介】

柬埔寨王国，位于中南半岛南部，东部和东南部同越南接壤，北部与老挝交界，西部和西北部与泰国毗邻，西南濒临暹罗湾。人口约1500万。有20多个民族，高棉族是主体民族，占总人口的80%。高棉语为该国通用语言，与英语、法语同为官方语言。佛教为国教，93%以上的居民信奉佛教。

【"一带一路"新成果】

2015年4月，习近平主席在印度尼西亚雅加达会见柬埔寨首相洪森时提出，在"一带一路"框架内加强基础设施互联互通合作，运营好西哈努克港经济特区。次年10月，习近平对柬埔寨进行国事访问，赋予西港特区全新定位——"蓬勃发展的西哈努克港经济特区是中柬务实合作的样板"。

请你做一个自我介绍。

我叫 Petr Celý，我来自捷克共和国，目前正在应聘捷克的警察部门。

参加这次活动，你有什么感受？

这次论坛，不但有出色的人员来帮助我们组织活动，而且各国代表很有礼貌，并对其他国家代表的文化和意见表示理解。我想向为我们提供帮助的志愿者们表示感谢，他们不仅帮助我们，也成了我们的好朋友。

你会用什么词来形容中国？

中国人民拥有一个可以引以为豪的政府和国家。

我想对各国领导人们说，要记住服务于人民，而且人民需要中国这个朋友。我希望领导人们能够思想开明。人民需要国家之间携手起来，需要对邻国表示友好。

捷克
Czech

国家：The Czech Republic
姓氏：Celý
名字：Petr

【简介】

　　地处欧洲中部。东靠斯洛伐克，南邻奥地利，西接德国，北毗波兰。人口 1056 万（2016 年）。其中约 90% 以上为捷克族。官方语言为捷克语。

【"一带一路"新成果】

　　2016 年 3 月，习近平主席对捷进行国事访问期间，同泽曼总统共同见证签署《中华人民共和国国家发展和改革委员会与捷克共和国工贸部关于加强"网上丝绸之路"建设合作促进信息互联互通的谅解备忘录》《中华人民共和国商务部与捷克共和国工业和贸易部关于工业园区合作的谅解备忘录》等，两国元首并共同见证签署 15 项商业合作协议，总金额 58.7 亿美元。2016 年 6 月，东方航空开通上海至布拉格直航。8 月，四川航空开通成都至布拉格直航。

请你做一个自我介绍。

我叫 Ahmed，北京科技大学电子工程专业的学生。

你如何看待"一带一路"？

中国将卡塔尔视为"一带一路"上的重要合作伙伴，我们的经济合作不仅限于贸易，中国公司还参与了像 Hamad 港口建设这样的大项目。

你认为解决当今世界问题的办法是什么？

经济发达的国家应该帮助经济欠发达的国家。

为了满足贫困人口、寡妇和残疾人的需求，我呼吁停止战争，至少让无辜的人远离战争。

你会用什么词来形容中国？

中国很好地保护了过去的遗产，同时发展了当下的经济。

卡塔尔

Qatar

国家：The State of Qatar
姓氏：Alobaidli
名字：Ahmed

【简介】

首都多哈，人口 234 万。位于波斯湾西南岸的卡塔尔半岛上，南面与阿联酋和沙特接壤。阿拉伯语为官方语言，通用英语。居民大多信奉伊斯兰教。

【"一带一路"新成果】

2017 年 4 月，中国城市发展研究会与卡塔尔国共同启动"一带一路"国际学校的项目，项目的主要内容是双方预计在重庆市和卡塔尔的首都多哈同时建立两所国际学校，以国际化教育运营单位作为运营基础，以中国与中东地区国家文化相互学习为特色，建立全球首批以"一带一路"文化交融为主题的国际学校。

请你做一个自我介绍。

我叫 Danah，我来自科威特，是一名建筑师和报社记者。

你如何看待"一带一路"与科威特的关系？

科威特一直都重视商业，在近代社会也是这样。我们过去在丝绸之路、波斯湾和印度海湾都做过很多贸易。

你认为解决当今世界问题的办法是什么？

为了创建一个更好的世界，我们要更多学习同理心、与人沟通，这样才能消除那些把我们分开的隔阂。

参加这次活动，你有什么感受？

这次论坛让世界各地的人都聚集到一起，它也让我们意识到，年轻人可以改变世界。

你会用什么词来形容中国？

中国是一个非常热情友好的国家。它独具异域风情，有丰富的文化、艺术、音乐和高科技，让我印象深刻。

科威特
Kuwait

国家：	The State of Kuwait
姓氏：	Almosa
名字：	Danah A M A

科威特
Kuwait

【国家简介】

　　位于亚洲西部波斯湾西北岸。与沙特、伊拉克相邻，东濒波斯湾，同伊朗隔海相望。人口 396.5 万，其中科威特籍人 124.3 万。伊斯兰教为国教，居民中 95％信奉伊斯兰教。

【"一带一路"新成果】

　　2014 年 6 月 4 日与中国签署了共建"一带一路"的谅解备忘录。科威特是最早与中国签署共同建设"一带一路"协议的阿拉伯国家之一。同时科威特以创始成员国身份加入亚洲基础设施投资银行，将科威特和中国经贸合作提高至更高水平。

　　科威特的发展离不开中国企业大力支持。2016 年，中国企业在科威特参与建设的项目达 69 个。2015 年，两国新签合同额超过 10 亿美元，比 2014 年增长一倍，特别是能源、通讯和建筑承包工程等领域实现大幅增长。

请你做一个自我介绍。

我叫 Laura，我来自克罗地亚，我是一名学建筑的学生。

你如何看中国与克罗地亚的关系？

克罗地亚是古代贸易道路上的一个国家。中国的迅速发展让克罗地亚也能够快速发展起来，让其他文化也能影响到克罗地亚，帮助我们发展自己的文化。

你认为年轻人对世界会产生什么样的影响？

我认为年轻人在社会中的角色非常重要。年轻人应该合作，提升世界范围内对我们面临问题的关注。我们应该携起手来，让这个世界变得更加美好。

参加这次活动，你有什么感受？

这次论坛激发我们首先要改变自己，然后再去改变世界。

你会用什么词来形容中国？

中国——世界的典范，这里有许多年轻人的机会。

克罗地亚
Croatia

| 国家：The Republic of Croatia |
| 姓氏：Ercegovic |
| 名字：Laura |

【简介】

位于欧洲中南部，巴尔干半岛的西北部。面积 56594 平方公里。南濒亚得里亚海，岛屿众多。人口 423.8 万（2014 年）。主要民族有克罗地亚族（90.42%），其他为塞尔维亚族、波什尼亚克族等，共 22 个少数民族。官方语言为克罗地亚语。主要宗教是天主教。

【"一带一路"新成果】

2016 年 5 月 30 日，中国—克罗地亚企业家论坛暨浙江—克罗地亚产业对接洽谈会 30 日在克罗地亚首都萨格勒布举行。来自 150 家克罗地亚企业和 50 多家中国企业的代表就"16+1 合作"框架和"一带一路"倡议带来的机遇、双方合作的对口领域进行对话和对接。

青年代表在长沙的 P8 文化创意产业
园广场手牵手组成内外两个巨大的圆形，
此时此刻连在一起的，还有彼此的心意。

请你做一个自我介绍。

我叫 Paula，我来自拉脱维亚，我在一个青年非政府组织工作。

你如何看待"一带一路"与拉脱维亚的关系？

拉脱维亚去年签署了"一带一路"的协议，它是第一个签署这份协议的波罗的海国家。"一带一路"能够加强亚洲、欧洲和非洲的贸易、交通连接。这样，像拉脱维亚这样的小国家也能参与到建设更加多样化、更多连接和更高效的社会的进程中来。

你认为解决当今世界问题的办法是什么？

我认为我们应当意识到，我们的不同不会让我们彼此分离。我们的不同把我们联系到一起，要知道我们哪里不同，为什么不同，而且必须保持这样的不同，才能做自己。了解这一点以后，我们不会在彼此之间树立壁垒，反而会互相连接。

参加这次活动，你有什么感受？

这次论坛改变了我对中国的成见，打破了我所有的刻板印象。它丰富了我，我见到这么多年轻的、有影响力的、在自己国家文化事务方面的意见领袖。回到祖国以后，我会成为一个更好的人，一个心态更加开放的人。

你会用什么词来形容中国？

多样性。文化丰富，经济发达。

拉脱维亚
Latvia

国家：Republic of Latvia	
姓氏：Āboliņa–Ābola	
名字：Paula	

【简介】

位于波罗的海东岸，北与爱沙尼亚，南与立陶宛，东与俄罗斯，东南与白俄罗斯接壤。人口总数为 196.6 万（2016 年）。拉脱维亚族占 62%。主要信奉基督教路德教派和东正教。官方语言为拉脱维亚语，通用俄语。

【"一带一路"新成果】

2016 年 11 月 5 日，装载 84 个标准集装箱货物的首趟"义乌—里加"货运班列于 10 月 20 日从中国义乌铁路西站出发，由满洲里出境，途经俄罗斯，行经 11000 多公里最终抵达拉脱维亚首都里加，打开了中国东部沿海通往波罗的海及东欧地区的货运通道。中国和拉脱维亚铁路运输线由此全线开通。

Hello, The Belt and Road

请你做一个自我介绍。

我叫 Phouthada Sitthinonhthong，来自老挝，在老挝一所私人学校教英语和传统舞蹈。

你如何看"一带一路"与老挝的关系？

老挝政府一直致力于减贫，将老挝从联合国最不发达国家名录上除去。中国的"一带一路"倡议将会给老挝带来多方面的机会。比如，它能增强老挝与其他国家的经济和贸易合作。

你认为解决当今世界问题的办法是什么？

我认为一个更好的世界中，应该给年轻人更多机会，不管是领导人还是没有机会参与国家建设的人。

参加这次活动，你有什么感受？

我非常感谢有机会来参加这次论坛。这是我参加的第一个在中国由联合国举办的论坛。这次经历让我获益良多，我见到了很多以前没有见过的事物。我要感谢联合国教科文组织和中国政府给了我这次机会。

你会用什么词来形容中国？

风景如画。中国有自身独特的美。

老挝

Laos

国家：Lao People's Democratic Republic
姓氏：Sitthinonhthong
名字：Phouthada

【简介】

位于中南半岛北部的内陆国家，北邻中国，南接柬埔寨，东临越南，西北达缅甸，西南毗邻泰国。首都万象，人口 680 万（2015 年）。有 49 个民族，华侨华人约 3 万多人。通用老挝语。居民多信奉佛教。

【"一带一路"新成果】

2016 年 9 月两国签署了《中华人民共和国和老挝人民民主共和国关于编制共同推进"一带一路"建设合作规划纲要的谅解备忘录》。该备忘录是与中国—中南半岛经济走廊沿线国家签署的首个政府间共建"一带一路"合作文件，将推动中老两国政治关系更加友好、经济纽带更加牢固、人文交流更加紧密，树立中国—中南半岛国家双边合作的典范。

目前，中南半岛经济走廊的中老铁路已经全线开工，并被列入老挝"八五"规划的国家 1 号重点项目。

请你做一个自我介绍。

我的名字是 Marva，来自黎巴嫩。

你如何看待中国与黎巴嫩的关系？

中国和阿拉伯国家之间有两千年的绵长友谊，这份关系足以让我们建立一个长久稳固的关系。

参加这次活动，你有什么感受？

我觉得这场论坛举办得非常成功，它给我提供了一个绝佳的机会，让我得以见到来自 65 个国家的代表，并且跟他们进行交流。

你会用什么词来形容中国？

独特。中国十分独特。在中国，文化遗产和现代化产生了交相辉映。

黎巴嫩
Lebanon

黎巴嫩
Lebanon

国家：The Republic of Lebanon
姓氏：Taleb
名字：Marva

【简介】

位于亚洲西南部地中海东岸。东、北部邻叙利亚，南接巴勒斯坦、以色列，西濒地中海。海岸线长 220 公里。沿海夏季炎热潮湿，冬季温暖。黎巴嫩的语言为阿拉伯语，主要民族为阿拉伯人。

【"一带一路"新成果】

中黎两国在"一带一路"框架下的人文合作发展迅速，已成为两国关系的新亮点。中国已为黎培训了超过 800 名各类人才。截至 2016 年 9 月，已有 193 名学员赴华参加中方举办的各类研修班和研讨会。

作为"一带一路"框架下推进中国和黎巴嫩文化交往的一部分，自 2017 年 4 月 24 日起，黎巴嫩国家电视台开始播出中国电视连续剧《生活启示录》，每天播放一集，受到不少当地观众关注。

请你做一个自我介绍。

我叫 Ovidijus，我来自立陶宛。我现在在北京理工大学学习国际法，研究生一年级。之前我在欧洲求学，专业是欧洲研究。今年是我在国外生活的第三年。我之前在罗马尼亚、韩国生活，现在在中国。我相信，每一个在国外度过的日子，都给了我更多的经历，能够让我在未来实现更多的价值。

你如何看待"一带一路"？

我认为"一带一路"倡议对很多国家都很重要。正是因为"一带一路"，各个国家才变得更加开放。它们发展自身，同时交流文化。我觉得如果没有"一带一路"，亚洲国家不会如此开放。我觉得它非常重要。我们一定要铭记历史，在 21 世纪也要促进交流。

参加这次活动，你有什么感受？

我觉得这次活动非常精彩。它把 65 个国家的人都聚集到一个屋檐下，合作共事，分享经验、文化和知识。我相信大家回到自己国家以后，会把这里的经验和理念传递给他们国家的人。大会的演讲嘉宾来自世界各地，他们水平很高，演讲质量很高。我相信，来参会的人都是素质很高、很有想法、能量十足，并且想要做一些事情来改变世界的人。

立陶宛
Lithuania

国家：Republic of Lithuania
姓氏：Krivas
名字：Ovidijus

【简介】

位于波罗的海东岸，面积 6.53 万平方公里。人口 285 万（2017 年 1 月）。立陶宛族占 84.2%，波兰族占 6.6%，俄罗斯族占 5.8%。此外还有白俄罗斯、乌克兰、犹太等民族。官方语言为立陶宛语，多数居民懂俄语。主要信奉罗马天主教，此外还有东正教、新教路德宗等。

【"一带一路"新成果】

"立陶宛欢迎中国通过实施'一带一路'倡议，努力加强亚洲和欧洲互联互通。"2017 年 4 月，立陶宛总理绍柳斯·斯克韦尔内利斯在接受采访时说，"立陶宛 2016 年对中国的出口额达到 1.232 亿欧元，较 5 年前同期增加近一倍，两国经济合作正朝着积极的方向发展。今年的主要目标是进一步加强双边经济关系，特别是在产生高附加值的高科技领域，这有利于加快立陶宛经济增长。"

请你做一个自我介绍。

我的中文名叫吴埃琳，来自立陶宛。我现在在中国学习中文。

你如何看"一带一路"与立陶宛的关系？

立陶宛非常欢迎"一带一路"倡议的实施。我很期待看到它给我们国家带来的机会。

你认为解决当今世界问题的办法是什么？

在今天的社会，我们要知道彼此既相同又不同，我们要接受和理解彼此的相同点和不同点。其实这个世界只有一个种族，那就是人类。

参加这次活动，你有什么感受？

我很感谢中国政府帮助举办了这次论坛。我希望下次还能来参加。

你会用什么词来形容中国？

辉煌。中国有着悠久灿烂的历史，而且知道如何向世界展示它的历史。

立陶宛

立陶宛

Lithuania

国家：Republic of Lithuania
姓氏：Buzaite
名字：Elena

【简介】

　　位于波罗的海东岸，面积 6.53 万平方公里。人口 285 万（2017 年 1 月）。立陶宛族占 84.2%，波兰族占 6.6%，俄罗斯族占 5.8%。此外还有白俄罗斯、乌克兰、犹太等民族。官方语言为立陶宛语，多数居民懂俄语。主要信奉罗马天主教，此外还有东正教、新教路德宗等。

【"一带一路"新成果】

　　"立陶宛欢迎中国通过实施'一带一路'倡议，努力加强亚洲和欧洲互联互通。"2017 年 4 月，立陶宛总理绍柳斯·斯克韦尔内利斯在接受采访时说，"立陶宛 2016 年对中国的出口额达到 1.232 亿欧元，较 5 年前同期增加近一倍，两国经济合作正朝着积极的方向发展。今年的主要目标是进一步加强双边经济关系，特别是在产生高附加值的高科技领域，这有利于加快立陶宛经济增长。"

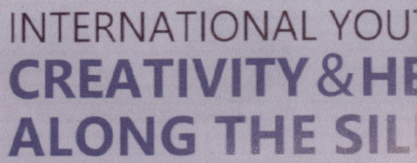

INTERNATIONAL YOUT
CREATIVITY & HE
ALONG THE SIL
"一带一路" 青年创意

CLOSING CEREMO
闭 幕 式

Organizers:
United Nations Educational,Scientific an
World Federation of UNESCO Clubs, Centre
National Commission of China for UNESCO
Changsha Municipal People's Government

中国青年鹿方圆代表与会青年宣读《长沙宣言》。

请你做一个自我介绍。

我是 Vlad，我来自罗马尼亚。

我是一名青年工作者、一个名为"酒类政策青年网"的国际青年组织和一个名为"你能行"（You Can Do It）的国际青年组织的领导者，同时也是创意产业的一名创业者。

参加这次活动，你有什么感受？

这是罗马尼亚参与改善欧洲和亚洲国家之间合作的一次绝佳机会。知识是关键。我认为年轻人懂得越多，实现和平的可能性就越大。我想感谢联合国教科文组织对青年人的信任、投入以及支持，同时也感谢非常棒的志愿者，他们真的是非常好的东道主。

你会用什么词来形容中国？

尊重他人。我认为中国投资了自己身上最好的部分，同时也是对未来的投资。我想向即将参加 5 月"一带一路"国际合作高峰论坛的罗马尼亚领导人送去问候。

罗马尼亚

Romania

国家：Romania
姓氏：Grosar
名字：Vlad–Alexandru

【简介】

位于东南欧巴尔干半岛东北部。北和东北分别与乌克兰和摩尔多瓦为邻，南接保加利亚，西南和西北分别与塞尔维亚和匈牙利接壤，东南临黑海。人口2222万（2016年7月）。罗马尼亚族占88.6%。官方语言为罗马尼亚语。

【"一带一路"新成果】

2015年，两国签署了推进"一带一路"建设的谅解备忘录。据中方不完全统计，中国在罗累计投资近8亿美元，罗是中国在中东欧地区投资最多的国家之一。中国企业正积极参与罗大型基础设施项目，能源、交通领域是热点和重点。2015年两国双边贸易额近45亿美元。罗中经济互补性强，在切尔纳沃德核电站、罗维纳里火电站和塔尼塔抽水蓄能电站等国家项目的基础上，可以实现互利共赢。

请你做一个自我介绍。

我是 Hawwa。我是马尔代夫文化教育部遗产司司长，这个部门主要负责保护马尔代夫的物质和非物质文化。同时，我利用闲暇时间攻读博士学位、在大学里教书。

你如何看待"一带一路"与马尔代夫的关系？

马尔代夫能够从"一带一路"倡议中获得极大益处。这一举措不仅有助于经济发展，也有助于人与人之间的交流。具有战略性地理位置的马尔代夫，从古至今就是东西方之间的连接点。目前中国正在帮助马尔代夫扩建国际机场，让乘客容量增加至每年 700 万人次，这将促进马尔代夫的经济发展。马尔代夫虽然是小国，却能从这一举措中大大获益。

你如何看青年人的作用？

我们要给年轻人赋能，让他们有机会去做领导者。在努力消除贫困、对抗气候变暖以及降低不平等的同时，我们还需要通过年轻人在不同文化之间建立桥梁，提供机会在可持续发展的某些细小方面展示领导力。

参加这次活动，你有什么感受？

这次论坛鼓励青年男女来应对保护全球文化遗产的重要问题。我想借此机会感谢联合国教科文组织为我们提供了这个平台，让不同国家不同大洲的年轻人聚在一起讨论这一有意义且很重要的话题——保护文化遗产。同时也感谢志愿者们，让我们这次行程十分难忘。

你会用什么词来形容中国？

中国宏伟壮观，有很多文化传统和丰富的文化遗产。中国人民很友善。他们会竭尽所能提供帮助，中国是有史以来最棒的东道主。

马尔代夫

Maldives

国家：The Republic of Maldives
姓氏：Hawwa
名字：Nazla

【简介】

　　马尔代夫是印度洋上的群岛国家，人口 35 万，均为马尔代夫族。民族语言和官方语言为迪维希语（Dhivehi），上层社会通用英语。伊斯兰教为国教，属逊尼派。

【"一带一路"新成果】

　　马尔代夫驻华大使费萨尔·穆罕默德曾表示，"一带一路"能够促进亚洲、欧洲和非洲的联系，加强区域经济合作和人文交流，从而促进各国走上共赢发展之路。他还表示，中国和马尔代夫可以在贸易和经济方面进行互补，希望借助中国的力量使马尔代夫成为印度洋的一个贸易枢纽。2015 年 12 月，中马友谊大桥开工仪式举行。马累国际机场改扩建项目稳步推进，拉穆环礁连接公路于 2016 年 11 月竣工。

请你做一个自我介绍。

我叫 Ng Sheueli，我来自马来西亚，现在在马来西亚国立大学学习。

你如何看"一带一路"与马来西亚的关系？

我想谈一谈"一带一路"和马来西亚的关系。丝绸之路的第一个海外站点，就在马来西亚，一个叫做马六甲的城市。历史上，各国与中国在这里进行香料贸易。中国把香料出口到马来西亚，马来西亚成为中国和其他国家的交流站。各个国家在这里聚集，与中国做生意。马来西亚地理位置处在贸易路线的中间点，所以他们选择了这里，选择了马六甲作为贸易中点。

参加这次活动，你有什么感受？

这个论坛是非常好的学习分享本民族文化，与 65 个国家的朋友进行跨文化交流的好机会。中国很好地保存了传统文化，体现在建筑、生活方式、日常生活、语言等等方面。这是我学习、交流和分享文化的好时机。

你会用什么词来形容中国？

中国是一个力量强大的国家。

马来西亚
Malaysia

国家：Federation of Malaysia
姓氏：Ng
名字：Sheueli

【简介】

位于东南亚，首都吉隆坡，人口 3000 万。其中马来人占 68.1%，华人 23.8%。马来语为国语，通用英语，华语使用较广泛。伊斯兰教为国教，其他宗教有佛教、印度教和基督教等。

【"一带一路"新成果】

中马双方合作建设的"马来西亚城"2016 年 3 月正式启动。这个项目受到马来西亚政府的高度重视，并被视为马来西亚迈向高收入国家的重要发展计划之一。中马合作的另一旗舰项目——马六甲临海工业园正在稳步推进，中马双方将在发展海洋经济和临港产业方面进行互利合作。未来中方将投资 100 亿美元，与马方打造一流的临海工业园。在能源合作方面，2016年 3 月中广核集团以 98 亿马币收购马第二大能源电力企业 Edra 项目并完成交割，新公司将投资 20 亿美元在马六甲兴建一座 240 万千瓦的大型燃气发电站。

请你做一个自我介绍。

我叫 Ana。我来自马其顿。我是建筑遗产保护的初级助理。

你如何看中国与马其顿的关系？

中国和马其顿一直合作紧密，关系友好。马其顿是一个发展中国家，中国在马其顿各个领域的投资都很多，特别是基础设施领域的投资。历史上，中国就非常支持马其顿的发展。我相信双方坚固的合作关系将会持续下去。非常感谢中国的支持。

参加这次活动，你有什么感受？

这次活动非常激动人心。这里聚集了来自全球的年轻人，我们有机会倾听他们的声音，聆听交流想法和经验。这是让我大开眼界的体验。我从这次论坛中学到不少。我已经等不及要回国实现这些想法了。这是一次积极的、美好的经历。

马其顿

Macedonia

国家：The Republic of Macedonia Skopje

姓氏：Aleksova

名字：Ana

【简介】

位于欧洲巴尔干半岛中部。西邻阿尔巴尼亚，南接希腊，东界保加利亚，北部与塞尔维亚接壤。人口 209.6 万（2015 年）。主要民族为马其顿族（64.18%），阿尔巴尼亚族（25.17%）。官方语言为马其顿语。居民多信奉东正教，少数信奉伊斯兰教。

【"一带一路"新成果】

在中国—中东欧国家"16+1"合作机制推动下，中马经贸合作成果丰硕。由中国公司承建的马其顿两条高速公路，成为"中国—中东欧国家 100 亿美元专项贷款"项下的首批落地项目之一，中国向马其顿出口了 6 列动车组，这是中国列车第一次出口到欧洲。马其顿政府计划在距希腊边界约 7 公里处设立一个中国经济园区，方便产品运到西欧。

请你做一个自我介绍。

我叫 Nyamdavaa，我来自蒙古国。我是一名社会人类学家。现在我的工作是项目研究员。

你如何看待"一带一路"？

我认为"一带一路"倡议对我的国家而言，是非常好的政策机遇，不仅在经济上，也是在文化交流、保护物质文化和非物质文化遗产上。

你对哪些国际话题比较关注？

对我来说，联合国 2030 年可持续发展目标对解决我们目前所面临的问题非常重要。比如，保护我们的文化和保护物质、非物质文化遗产总是从最简单的事情开始做起，从理解开始、从尊重开始。这意味着所有问题都可以从简单做起，从人类的善开始。

参加这次活动，你有什么感受？

非常荣幸能参加这次论坛。我懂得了更多的中国文化，有机会和来自65 个国家的青年分享观点和文化。这对我来说是个很好的机会。我很感谢联合国教科文组织以及志愿者们。

如果要在社交媒体上发表我的观点的话，我会说这是卓越的创举和文化，所有一切都让人难忘。

你会用什么词来形容中国？

令人难忘。

蒙古国

Mongolia

国家：Mongolia
姓氏：Baldanragchaa
名字：Nyamdavaa

【简介】

首都乌兰巴托，人口约 312 万人（2016 年）。喀尔喀蒙古族约占全国人口的 80%，此外还有哈萨克等少数民族。蒙古国是位于亚洲中部的内陆国，东、南、西与中国接壤，北与俄罗斯相邻。主要语言为喀尔喀蒙古语。

【"一带一路"新成果】

蒙古国是中欧班列中通道上的重要过境国。2016 年共有 167 列中欧班列过境蒙古国，2017 年预计将达到 400 列，而未来几年将增加到 1000 列。蒙古国表示高度重视中欧班列中通道的建设，会提供更好的便利条件，包括提供优惠的价格、缩短过境时间、快速通关服务以及加快卸货换轨等。

蒙古国"草原之路"倡议与中国"一带一路"倡议高度契合。推动两者对接，加强双方在产能、大项目和金融等领域的务实合作，将为中蒙关系发展注入新动力。

嘉宾和青年代表们为刚刚通过的《长沙宣言》热烈鼓掌。

请你做一个自我介绍。

我叫 Dorjkhand，我来自蒙古，我是一名心理学家。

你如何看待"一带一路"的作用？

除了经济上的益处之外，我希望有更多举措和项目来促进国家层面和国际层面上的物质和非物质文化保护。

参加这次活动，你有什么感受？

我想向所有主办者致以最真诚的感谢。这次活动安排得井井有条，在论坛期间我们备受尊重。这是我的荣幸。非常感谢你们。

蒙 古
Mongolia

蒙古国

Mongolia

国家：Mongolia
姓氏：Sharavjamts
名字：Dorjkhand

【简介】

　　首都乌兰巴托，人口约 312 万人（2016 年）。喀尔喀蒙古族约占全国人口的 80%，此外还有哈萨克等少数民族。蒙古国是位于亚洲中部的内陆国，东、南、西与中国接壤，北与俄罗斯相邻。主要语言为喀尔喀蒙古语。

【"一带一路"新成果】

　　蒙古国是中欧班列中通道上的重要过境国。2016 年共有 167 列中欧班列过境蒙古国，2017 年预计将达到 400 列，而未来几年将增加到 1000 列。蒙古国表示高度重视中欧班列中通道的建设，会提供更好的便利条件，包括提供优惠的价格、缩短过境时间、快速通关服务以及加快卸货换轨等。

　　蒙古国"草原之路"倡议与中国"一带一路"倡议高度契合。推动两者对接，加强双方在产能、大项目和金融等领域的务实合作，将为中蒙关系发展注入新动力。

请你做一个自我介绍。

我叫 Ove。我是一名学生，来自孟加拉国。

你如何看"一带一路"与孟加拉国的关系？

我国和丝绸之路的关系源远流长。孟加拉国一直都是丝绸之路上的友好国家，这条路帮助我们发展了数千年的经济，尤其是在过去几十年更是如此。我们期待"一带一路"能让我国更加强大。

参加这次活动，你有什么感受？

参加本次青年论坛是一次非常美好的经历。我可以把这里的经验带回我国，跟孟加拉青年分享。这对我未来的发展和职业也有好处。我得以跟 65 国青年建立联系。我十分感谢联合国教科文组织以及中国政府组织的这场活动。我希望它能继续举办下去。

你会用什么词来形容中国？

中国是一个拥有丰富文化遗产和创意的国家。我们在这里见识到了很多东西，一句话，这是一个美丽的国家。

孟加拉国
Bangladesh

孟加拉人民共和国

Bangladesh

国家：People's Republic of Bangladesh
姓氏：Ove
名字：Nurul Hasnat

【简介】

位于南亚次大陆东北部的恒河和布拉马普特拉河冲积而成的三角洲上。人口约 1.6 亿，其中孟加拉族占 98%，另有 20 多个少数民族。孟加拉语为国语，英语为官方语言。伊斯兰教为国教，穆斯林占总人口的 88%。

【"一带一路"新成果】

2016 年 10 月，中国电力企业与孟加拉电力公司签署了 11.5 亿美元承包合同，由中国企业实施孟加拉全国电网升级改造项目。

2016 年 8 月，中国中铁与孟加拉国铁路局在孟加拉国首都达卡正式签署帕德玛大桥铁路连接线项目建设合同，项目合同金额为 31.4 亿美元。这一项目是孟加拉国东西部客货运输主通道之一，线路起于达卡站，经帕德玛大桥最终至杰索尔，组成孟加拉国西南部铁路网骨架。项目新建铁路正线里程 168.6 公里，最高设计时速 120 公里。

请你做一个自我介绍。

我叫 Saw Mar，来自缅甸。我是社会学专业大四学生，同时在缅甸的非营利组织工作。

你如何看待"一带一路"与缅甸的关系？

2016 年，昂山素季女士访问中国，会见了习近平主席，讨论了有关中缅在经济发展和解决冲突方面的合作。同时讨论了"一带一路"项目，中国的昆明和缅甸城市曼德勒将连接起来，这条道路会一直延伸到印度。它将给两国的经济发展、基础设施建设以及文化遗产带来很多机会。

你认为解决当今世界问题的办法是什么？

我认为一个更好的世界应该是更加可持续、更加和平的。要创造一个和平的世界，我们必须加强年轻人的世界公民教育，特别是在和平、人权、性别平等和文化方面的教育。

参加这次活动，你有什么感受？

这个活动是我参加过的规模最大的活动之一。主办方准备充分，行程安排非常恰当。我很高兴见到来自 65 个国家的年轻人，我们一起分享在文化遗产方面的观点、知识和经验。这次活动也打破了中缅之间的许多偏见。

你会用什么词来形容中国？

繁荣。中国经济发展非常稳健。

缅甸

Myanmar

国家：The Republic of the Union of Myanmar
姓氏：Gay Htoo
名字：Saw Mar

【简介】

缅甸位于中南半岛西部。东北与中国毗邻，西北与印度、孟加拉国相接，东南与老挝、泰国交界，西南濒临孟加拉湾和安达曼海。缅甸人口截至2015年为5390万，共有135个民族，缅族约占总人口的65%。各少数民族均有自己的语言，其中克钦、克伦、掸和孟等民族有文字。全国85%以上的人信奉佛教。

【"一带一路"新成果】

中缅国际铁路是"一带一路"上国际合作的工程项目之一。铁路起点为中国云南省昆明市，终点为缅甸最大城市仰光。按照规划，昆明至仰光铁路全长约1920公里。2017年4月，中缅国际铁路通道新建广大铁路目前已铺架过半，为2018年全线开通运营奠定良好基础。新建广大铁路全长175公里，桥隧比达63%。该铁路东接成昆铁路，西连在建大（理）瑞（丽）铁路和大（理）临（沧）铁路，是中缅国际铁路通道的重要组成部分。

请你做一个自我介绍。

我叫 Nicoleta，来自摩尔多瓦。我在摩尔多瓦医药大学读书，专业是公共卫生。我同时也是"太空中心"的项目经理，这个组织的宗旨是帮助 IT 行业的人发展和分享经验。

你如何看待"一带一路"？

我认为这是很必要的、结构化的合作，符合实际的需求。

你认为解决当今世界问题的办法是什么？

携手努力、一起实现共同的目标，这样我们才能创造一个更好的世界。这次论坛上，不同文化在这里碰撞，我们互相交流、互相包容，长远来看，这样我们就能创造一个更好的世界。

参加这次活动，你有什么感受？

我要感谢主办方举办了这次活动。同时，我也要感谢泉州市和长沙市政府，我们度过了美好的时光，参观了很多地方。我也要感谢一直在身边帮助我们的志愿者们。

你会用什么词来形容中国？

热情。中国有很多美丽、善良和有才华的人。很开心！

摩尔多瓦
Moldova

国家：The Republic of Moldova
姓氏：Damian
名字：Nicoleta

【简介】

摩尔多瓦共和国，人口 355.76 万，是位于东南欧北部的内陆国，与罗马尼亚和乌克兰接壤。官方语言为摩尔多瓦语，俄语为通用语。主要信奉东正教。

【"一带一路"新成果】

2016 年 12 月 2 日，中国商务部与摩尔多瓦经济部在摩首都基希讷乌举行中摩政府间经贸合作委员会第八次会议，期间双方共同签署了启动中摩自由贸易协定联合可行性研究的谅解备忘录。中摩自贸协定谈判已经启动，双边贸易和投资自由化将为摩扩大对华出口，为中方企业来摩投资提供更多机遇，为摩参与"一带一路"建设，深化对华经贸合作，实现互利双赢奠定坚实基础。

长沙飞往泉州的飞机上，兴奋的各国
青年代表在自拍。

请你做一个自我介绍。

我叫 Elina，来自尼泊尔。我是一名画家，也是一名社会工作者。

你如何看待"一带一路"？

"一带一路"对尼泊尔和中国来说都是一个机会。它能够深入挖掘我们的伟大历史。我们在历史上一直都是友好邻邦，在传统、文化、经济、艺术等方面互相交流。

参加这次活动，你有什么感受？

我深受这次论坛的鼓舞。希望参与者都能用开放的心态来学习和分享经验，共同探索创造更好世界的方法。

你会用什么词来形容中国？

生动。我体验了中国许多传统和文化，这个国家丰富和生动的传统让我感到惊讶。

尼泊尔

Nepal

国家：Federal Democratic Republic of Nepal
姓氏：Nakarmi
名字：Elina

【简介】

内陆山国，位于喜马拉雅山南麓，北邻中国，其余三面与印度接壤。人口约 2850 万（2016 年），尼泊尔语为国语，上层社会通用英语。尼泊尔是多民族、多宗教、多种姓、多语言国家。

【"一带一路"新成果】

2014 年，中国西藏航空有限公司和尼泊尔雪人环球投资公司共同投资成立喜马拉雅航空公司。2014 年 5 月，中工国际工程股份有限公司与尼泊尔民航局签署了尼泊尔博卡拉国际机场项目商务合同，将承建尼泊尔第二个国际机场。2015 年 3 月，中国长江三峡集团在尼泊尔的西赛提河（West Seti）水电站项目，获得了尼泊尔投资委员会的批准。该项目投资 16 亿美元，这也是尼泊尔获得最高的单笔项目海外投资。2017 年 1 月，中国电建集团海外投资有限公司在尼泊尔的第一个投资项目——上马相迪 A 水电站实现商业运行。

请你做一个自我介绍。

我叫 Boris Blašković，来自塞尔维亚，在塞尔维亚国家图书馆工作。

你如何看待中国与塞尔维亚的关系？

在过去几年，塞尔维亚和中国的关系越来越紧密。中国在塞尔维亚有很多投资，尤其是基础设施方面。中国和塞尔维亚之间的旅行也更加便捷，可以免签。

参加这次活动，你有什么感受？

我觉得这次论坛把不同国家的人聚集到一起来，让我们互相学习，这非常好。我要感谢主办方，联合国教科文组织和中国政府，还有让我们宾至如归的志愿者。

你会用什么词来形容中国？

叹为观止。中国有璀璨的传统、历史，还有很多历史建筑和遗址值得看一看。

塞尔维亚
Serbia

国家：Republic of Serbia
姓氏：Blašković
名字：Boris

【简介】

位于巴尔干半岛中北部，东北与罗马尼亚，东部与保加利亚，东南与马其顿，南部与阿尔巴尼亚，西南与黑山，西部与波黑，西北与克罗地亚，北部与匈牙利相连，素有"东西方十字路口"之称。人口 713 万，官方语言塞尔维亚语。

【"一带一路"新成果】

目前，塞中两国在交通基础设施和能源等方面的合作已经取得了令人瞩目的成果：中国在欧洲建设的第一座桥梁——跨多瑙河大桥已建成使用；塞境内由中国公司负责建设的高速公路项目正在进行；由中国融资，连通塞尔维亚和匈牙利的"匈塞铁路"项目正在积极推进中，这是"一带一路"倡议实施过程中非常重要的跨国项目。此外，科斯托拉茨 B 热电站脱硫系统已建成使用，第三期项目也已开工。中国河钢集团 2016 年收购了斯梅代雷沃钢厂，新成立的河钢塞尔维亚钢铁公司已成为塞第二大出口企业。

请你做一个自我介绍。

我的名字叫做 Milica，来自塞尔维亚，是一名经济专业的学生。

你如何看待"一带一路"？

塞尔维亚和中国之间正在建立起一条丝绸之路，塞尔维亚也将帮助中国打开欧洲市场，我觉得这对塞尔维亚和中国双边都有好处。

你认为解决当今世界问题的办法是什么？

我觉得世界上的每一个人都应该去追随自己的真实想法，只要你跟着自己的心去走，一定不会有错的，在我看来这就够了。

参加这次活动，你有什么感受？

对我来说这是一生中很难得的经历，我遇到了很多有趣的人，我希望能跟他们再次见面，希望每个人都能有一次这样的经历。

你会用什么词来形容中国？

好客，非常好客。我从来没有在其他国家感受过这样的好客，这就是我的感受。

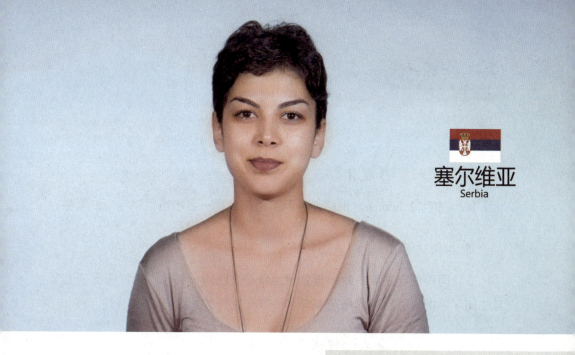

塞尔维亚

Serbia

国家：Republic of Serbia
姓氏：Simic
名字：Milica

【简介】

位于巴尔干半岛中北部，东北与罗马尼亚，东部与保加利亚，东南与马其顿，南部与阿尔巴尼亚，西南与黑山，西部与波黑，西北与克罗地亚，北部与匈牙利相连，素有"东西方十字路口"之称。人口713万，官方语言塞尔维亚语。

【"一带一路"新成果】

目前，塞中两国在交通基础设施和能源等方面的合作已经取得了令人瞩目的成果：中国在欧洲建设的第一座桥梁——跨多瑙河大桥已建成使用；塞境内由中国公司负责建设的高速公路项目正在进行；由中国融资，连通塞尔维亚和匈牙利的"匈塞铁路"项目正在积极推进中，这是"一带一路"倡议实施过程中非常重要的跨国项目。此外，科斯托拉茨B热电站脱硫系统已建成使用，第三期项目也已开工。中国河钢集团2016年收购了斯梅代雷沃钢厂，新成立的河钢塞尔维亚钢铁公司已成为塞第二大出口企业。

请你做一个自我介绍。

我的名字叫 Salman，来自沙特阿拉伯。我是一名市场营销专业的学生。

你如何看待"一带一路"与沙特阿拉伯的关系？

沙特阿拉伯自古以来就一直是海上丝绸之路的一部分，沙特国王在上个月访问了中国，并且非常乐意参与"一带一路"的建设。

参加这次活动，你有什么感受？

我觉得这场国际性的论坛非常好，它给予我们完美地讨论和参观中国的物质和非物质文化遗产的机会，在长沙和泉州都是。我们看到了很多东西，让我们可以更开放地去讨论，就像我们昨晚那样，给联合国教科文组织和长沙、泉州的地方政府提出了很多建议，这些东西都可以让我们更加团结。

你会用什么词来形容中国？

多样性。中国很可能是世界上最具多样性的国家之一，人们似乎总是意识不到，这里有这么多不同的地方，他们总是会想到北京，想到广州、香港，但是却看不到长沙、泉州这样的地方，看不到这里别致的美和丰富的多样性。

沙特阿拉伯

Saudi Arabia

国家: Kingdom of Saudi Arabia
姓氏: Al-Sudairy
名字: Salman Ahmed T

【简介】

　　位于阿拉伯半岛。东濒波斯湾，西临红海。人口 3152 万（2015 年）。伊斯兰教为国教，官方语言为阿拉伯语。同约旦、伊拉克、科威特、阿联酋、阿曼、也门等国接壤。

【"一带一路"新成果】

　　沙特阿拉伯是中国"一带一路"倡议中的重要一站。2016 年，中国与沙特贸易额达 423.64 亿美元。自 2004 年以来，沙特连续 13 年成为中国在西亚北非地区第一大贸易伙伴。中国从 2013 年伊始，连续 4 年成为沙特的全球第一大贸易伙伴。

　　目前驻沙中资企业有 150 家，在建承包工程总额 249 亿美元，用工总量 4.11 万人。这其中，中国石化在中沙经贸关系中居重要地位。2016 年 1 月，中沙两国元首共同出席中沙延布炼厂投产启动仪式。延布炼厂是中国石化首个海外炼化项目，也是中国在沙特最大的投资项目。该厂设计加工能力达到 40 万桶原油 / 日（约合 2000 万吨 / 年），拥有世界领先的炼化设施。

请你做一个自我介绍。

我叫 Asela，来自斯里兰卡，我的工作是律师。

你如何看"一带一路"与斯里兰卡的关系？

斯里兰卡很久以来就是丝绸之路的一部分。我们从丝绸之路上获得了很多东西，作为丝绸之路上的一个国家，我们感到非常荣幸。

你会用什么词来形容中国？

中国是一个拥有伟大文明的国家。它是一个伟大的国度。

斯里兰卡

Sri Lanka

国家: The Democratic Socialist Republic of Sri Lanka
姓氏: Dissanayaka Mudiyanselage
名字: Rakhitha Asela Dissanayake

【简介】

南亚次大陆以南印度洋上的岛国，西北隔保克海峡与印度相望。风景秀丽，素有"印度洋上的明珠"之称。人口 2048 万（2013 年），僧伽罗族占 74.9%，僧伽罗语、泰米尔语同为官方语言和全国语言，居民 70.2% 信奉佛教。

【"一带一路"新成果】

2016 年 8 月，中国企业承建重塑斯里兰卡在海上丝绸之路地位重要的汉班托塔港，以南亚国际枢纽港的标准打造 8 个 10 万吨级码头。目前已经完成两期建设，并部分投入使用。

2017 年 4 月，由中国航空工业集团公司承建的斯里兰卡班达拉奈克国际机场跑道项目顺利完工，按时开放，这是整个南亚地区等级最高的 4F 级跑道。

2017 年 4 月，中国的慈善项目"健康快车"为积极响应"一带一路"倡议，开始走出国门，向沿线国家当地百姓提供慈善医疗，斯里兰卡成为该项目的首个海外试点。

各国青年代表们在泉州南少林武学宗师的现场指导下，体验中华武术的魅力。

请你做一个自我介绍。

我叫 Radoslava，来自斯洛伐克。我现在是华东师范大学的中国政治专业学生。

你如何看待"一带一路"？

我觉得"一带一路"是增强斯洛伐克和中国合作的好机会。同时，斯洛伐克人民也能更多地了解中国文化。

"一带一路"是一个非常棒的计划。我相信它将会增强我们两国的关系，使两国能够互惠互利。我相信我们应该互相了解、互相探索对方的文化。

你认为解决当今世界问题的办法是什么？

我建议大家一定要更加尊重对方。我们应该尊重别人的文化、宗教、想法和视角。我们应当养成尊重其他文化的习惯，用积极的眼光看待它们，而不是相反。如果我们能更加宽容，这个世界将会变得更好。

参加这次活动，你有什么感受？

非常感谢给我机会参加这次论坛。我希望所有的斯洛伐克人和丝路沿线国家的人民都能像我一样获得这个机会。我跟来自 60 多个国家的朋友进行了交流，了解到各种不同的文化，他们的思维方式跟斯洛伐克很不一样。它让我认识到什么才是真正的尊重。我非常感谢主办方和所有参与到这次活动中的人。

你会用什么词来形容中国？

我来中国已经一年了，这已经成了我的家。我喜欢中国食物、中国人和中文。千言万语汇成一句话：我爱你中国。中国对我来说意味着快乐。

斯洛伐克
Slovakia

国家：Slovakia
姓氏：Bolerazska
名字：Radoslava

【简介】

　　欧洲中部的内陆国，东邻乌克兰，南接匈牙利，西连捷克、奥地利，北毗波兰。人口 539.7 万人（2014 年），斯洛伐克族占 85.8%，官方语言为斯洛伐克语，居民大多信奉罗马天主教。

【"一带一路"新成果】

　　2015 年 11 月 26 日，两国签署政府间共同推进"一带一路"建设的谅解备忘录。2016 年 10 月，丝绸之路国际总商会路演推介会在斯洛伐克首都布拉迪斯拉发举行，在闭幕仪式上，中斯两国商会签署在"一带一路"倡议框架下深化合作的战略合作协议。2017 年 4 月 11 日，斯洛伐克议会通过了由斯经济部提交的"2017—2020 年斯洛伐克与中国经济关系发展纲要"。纲要指出，斯拟重点在投资、商业、贸易、交通、旅游、科研及创新等领域与中国开展合作，强调要增强两国政府间经济联委会对经贸合作的促进作用。其中特别提到"一带一路"的实施。

请你做一个自我介绍。

我叫 Matevž，我来自斯洛文尼亚。我是伊德里亚市的政府顾问，这也是被列入联合国教科文组织世界文化遗产名录的城市。

你如何看"一带一路"？

我认为斯洛文尼亚应当参与中国发起的这个计划，特别是当下，欧洲正在发动战争和建造"围墙"，而中国却在倡导合作和友谊。

你认为解决当今世界问题的办法是什么？

历史上有两件事情被证明是有效的：旅行和贸易。当人们可以自由旅行和贸易的时候，他们就能交换想法、货物、创新和世界观。这也是我们今天应当做的。我们应当继续旅行和贸易。

你会用什么词来形容中国？

我要感谢中国朋友们，他们向我们展示了中国人民的善良、友好和谦逊。踌躇满志，虚怀若谷。

斯洛文尼亚

斯洛文尼亚

Slovenia

国家：The Republic of Slovenia
姓氏：Straus
名字：Matevž

【简介】

位于欧洲中南部，巴尔干半岛西北端。西接意大利，北邻奥地利和匈牙利，东部和南部与克罗地亚接壤，西南濒亚得里亚海。人口总数为 206.4 万（2015 年）。主要民族为斯洛文尼亚族，约占 83%。官方语言为斯洛文尼亚语。

【"一带一路"新成果】

2016 年 11 月，中国企业与斯洛文尼亚蝙蝠飞机制造厂就引进轻型飞机并合资在华建厂项目达成最终协议，并在拉脱维亚里加第五次中国—中东欧领导人会晤期间正式签约。轻型飞机的引进和制造将成为促进中国国内低空航空内需发展的一个新领域。中斯在汽车轮毂驱动电机高技术项目、斯洛文尼亚卢布尔雅那市市政照明系统项目以及机场专用转运乘客环保大巴等大型项目方面的合作也都取得了积极进展。

请你做一个自我介绍。

我叫 Svetlana Babina，我来自塔吉克斯坦。我是东亚事务的研究人员，主要是与日本有关的工作。

你如何看"一带一路"与塔吉克斯坦的关系？

塔吉克斯坦一直与中国保持紧密的关系，我们有共同的国界线，也都是上海合作组织的成员。自从 2013 年"一带一路"提出以后，其中涵盖了很多针对塔吉克斯坦的内容。比如，修建了连接塔吉克斯坦和中国的道路，也制定了很多农业战略，帮助塔吉克斯坦的农民发展农业。

参加这次活动，你有什么感受？

非常感谢论坛的组织者，让我有机会体验中国文化，不仅是在一个城市，而是在两个城市，它们彼此非常不一样，我从来没想到中国文化如此博大精深。我很感谢每个为这次论坛的举办作出贡献的人。

你会用什么词来形容中国？

非常独特，我从来没有见过一个如此独特、自豪和丰富的文化。

塔吉克斯坦

Tajikistan

国家：The Republic of Tajikistan
姓氏：Babina
名字：Svetlana

【简介】

位于中亚东南部的内陆国，西部和北部分别同乌兹别克斯坦、吉尔吉斯斯坦接壤，东邻中国，南界阿富汗。人口 870 万人，共有 86 个民族，其中塔吉克族占 80%，多数居民信奉伊斯兰教，多数为逊尼派。

【"一带一路"新成果】

中国是塔第二大投资来源国和第二大贸易伙伴。2016 年，中塔新丝路塔吉克斯坦农业纺织产业园项目首期纺纱项目建成投产，成为中亚最大的纺织产业园。中国—塔吉克斯坦农业技术示范中心正在积极筹建中。2015 年 5 月，"瓦赫达特—亚湾"铁路动工，该铁路是中国铁路施工企业首次进入中亚铁路市场。

请你做一个自我介绍。

我叫 Pimpassorn Samartlertdee，我来自泰国。我目前是玛希隆大学国际学院的研究生。

你如何看中国与泰国的关系？

我觉得中泰两国的关系非常稳固，就像是一家人一样。两国一直在很多领域携手合作，互相帮助，主要在经济、社会和环境领域。同时，两国一直进行相互投资。中国给泰国的年轻人和学生很多来华学习的机会。

参加这次活动，你有什么感受？

这次活动是一次非常适合年轻人参与的活动。我相信这次论坛，能够帮助增进各国之间的交流和联系，包括亚洲和欧洲国家。这是一次在各国之间建立桥梁的好机会，不管它们的文化差异有多大。这次活动能够让大家聚集在一起，增强我们之间的合作。

你会用什么词来形容中国？

我给中国的形容词是"影响力"，因为中国在很多方面都树立了典范。

国家：Kingdom of Thailand
姓氏：Samartlertdee
名字：Pimpassorn

泰国
Thailand

【简介】

　　泰国位于中南半岛中南部。与柬埔寨、老挝、缅甸、马来西亚接壤，东南临泰国湾（太平洋），西南濒安达曼海（印度洋）。泰国全国共有 30 多个民族。泰族为主要民族，占人口总数的 40%。泰语为国语。90% 以上的民众信仰佛教。

【"一带一路"新成果】

　　宋卡府是泰国首批 5 个边境经济特区之一。"泰国南部，尤其是宋卡，自古就是海上丝绸之路的一个重要途经地。"宋卡府主管经济的副府尹阿努其表示，泰国政府的边境经济特区战略与中国提出的共建"一带一路"倡议是相契合的。"我们在宋卡进一步发展海运，就是主动与中国倡导的 21 世纪海上丝绸之路对接。"

　　阿努其表示，中国提出的共建"一带一路"倡议为泰国经济发展提供了良机。在这一背景下，泰国提出发展边境经济特区非常有战略眼光。在两大经济战略的指引下，泰中两国完全可以相互配合、共同发展。

请你做一个自我介绍。

我叫 Samar，我来自突尼斯。我是一名博士在读生，也是一位作家。

你认为解决当今世界问题的办法是什么？

针对当今世界最大挑战的解决方案，推荐的办法大家都很熟悉，即正义、公平和可持续性。但是我们缺乏的，并非是让这个世界变得更美好的想法，而是去付诸行动的意愿。

参加这次活动，你有什么感受？

这次论坛独具一格，让人眼前一亮。现在很多青年人的活动关注点都在创业、就业、IT、技术、经济上，但很少真正让年轻人和文化、遗产联系起来。这是个让年轻人接触中国文化的绝佳机会。我想感谢所有的中国人，他们欢迎我们来到中国。

你会用什么词来形容中国？

我在这个幅员辽阔的国家只待了 5 天时间，我想用"填字游戏"来形容中国。意思是它非常复杂，内容丰富，包罗万象，让人难以想象。

突尼斯
Tunisia

国家：The Republic of Tunisia
姓氏：Mezghanni
名字：Samar

【简介】

突尼斯位于非洲北端。西与阿尔及利亚为邻，东南与利比亚接壤，北、东临地中海，隔突尼斯海峡与意大利相望。人口 1100 万（2014 年），90％以上为阿拉伯人。阿拉伯语为国语，通用法语。伊斯兰教为国教。

【"一带一路"新成果】

2015 年 7 月，中国三一集团的 17 台矿车陆续抵达突尼斯，并进入最后的实验测试阶段，北非首个过亿订单完成交货。这也是"一带一路"倡议下，中国企业在北非市场获得的又一突破。2016 年 8 月，中阿合作论坛第三届中国艺术节于突尼斯开幕，将中国优秀的民间艺术和非遗项目带到了这片沃土上，不仅接续了古代丝绸之路的文化交流传统，更促进了"一带一路"国家间的相互了解。

青年代表们在泉州清净寺合影。

请你做一个自我介绍。

我叫 Levent。我是文化大学的一名学生，专业是考古学和艺术史。

你如何看待"一带一路"？

我认为"一带一路"建设为土耳其和中国再次相聚、共同协作提供了一个绝佳的机遇，就像过去我们做的那样。比如，土耳其有很多高铁工程项目，中国在这些项目中提供了很多帮助。我认为在这些项目中，土耳其和中国还有更多的合作机会。

参加这次活动，你有什么感受？

这次论坛非常棒，我一开始并没想到会受到如此热情的接待。我之前还怀有成见，这次论坛打消了那些成见和偏见。我想这是个消除偏见的好机会。

真心感谢所有志愿者和工作人员，他们的工作非常出色。这样的热情好客让我觉得非常棒，我向他们的辛苦工作表示感谢。

你会用什么词来形容中国？

中国是个井井有条、勤劳努力的国家。我真心希望"一带一路"国际合作高峰论坛取得丰厚成果，因为"一带一路"建设会给丝绸之路沿线的国家带来很大益处，就像过去那样。

土耳其
Turkey

国家：The Republic of Turkey
姓氏：Tökün
名字：Levent

【简介】

　　地跨亚、欧两洲，邻格鲁吉亚、亚美尼亚、阿塞拜疆、伊朗、伊拉克、叙利亚、希腊和保加利亚。人口 7981 万，土耳其语为国语，99％的居民信奉伊斯兰教。

【"一带一路"新成果】

　　2015 年 11 月，国家主席习近平在土耳其安塔利亚会见土耳其总统埃尔多安，两国元首共同见证了关于共推"一带一路"建设的谅解备忘录，以及基础设施、进出口检验检疫等领域合作协议的签署。

　　2014 年以来，中土两国企业共建的安卡拉—伊斯坦布尔高铁二期项目竣工通车，中国工商银行收购土耳其纺织银行，招商局、中远和中投联合体收购昆波特码头，华为、中兴等 60 多家中资企业在伊斯坦布尔落地生根。

请你做一个自我介绍。

我叫 Viktoriya Frolova，我来自土库曼斯坦，我在亚洲游戏进展组织执行委员会工作。

你如何看待"一带一路"与土库曼斯坦的关系？

土库曼斯坦自古就是丝绸之路的一部分。它今天仍然与丝绸之路沿线国家有良好关系，特别是发展与中国的贸易和商务关系。

参加这次活动，你有什么感受？

来到中国参加青年论坛，对我来说是一次非常美妙的经历。这是我参加过的最好的活动之一。主办方做了充分准备。中国非常热情好客，这次经历在我内心留下深刻烙印。当我回国的时候，一定会带回新的想法，作出我的贡献。

参加这次活动，你有什么感受？

中国是一个非常热情好客的国家，非常棒。

土库曼斯坦

土库曼斯坦

Turkmenistan

国家：Turkmenistan
姓氏：Frolova
名字：Viktoriya

【简介】

位于中亚西南部，为内陆国家。北部和东北部与哈萨克斯坦、乌兹别克斯坦接壤，西濒里海与阿塞拜疆、俄罗斯相望，南邻伊朗，东南与阿富汗交界。人口总数为 700 万（2015 年 1 月），有 100 多个民族，土库曼族占94.7%。多数居民信奉伊斯兰教。国语为土库曼语，俄语为通用语。

【"一带一路"新成果】

中亚天然气管道建设是"一带一路"中的重要项目，是中土共建丝绸之路经济带中的重要内容。如今土库曼斯坦的天然气输送通道与中国的西气东输管道相通。已投入使用的三条中国—中亚天然气管道的源头均为土库曼斯坦。具体线路为从土库曼斯坦出发经过乌兹别克斯坦到哈萨克斯坦，然后通过新疆与西气东输管线相连，一直可以输送至华北、华东、华南地区。中国—中亚天然气管道惠及中国 22 个省份。

请你做一个自我介绍。

我叫 Nur Diyana Nasriah Binti。我现在在文莱大学上学，这是我最后一个学年。我的专业是工商管理。我也是 Dinash Enterprise 公司的合伙创始人。

你如何看待"一带一路"与文莱的关系？

在我看来，"一带一路"倡议一定能够加强文莱和中国的经济合作。作为一名创业者，我觉得这是一个非常好的鼓励更多创业者投资的机会，因为我们能享受到更多投资便利。这个倡议一定能够推动两国的经济发展。

参加这次活动，你有什么感受？

这次青年论坛，对我来说是非常精彩的一次体验。我们拜访了很多地方，比如岳麓书院、橘子洲头，还观看了我见过的最精彩最高科技的烟花。最难忘的体验是制作陶罐，一开始我觉得很简单，一天就能学会，但是实际上非常困难。这是一次难得的经历。

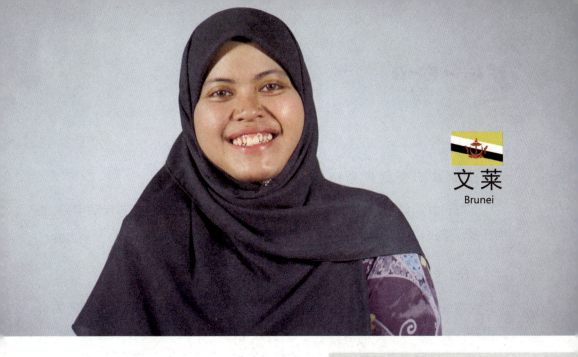

文莱
Brunei

国家：Negara Brunei Darussalam
姓氏：Suhavli
名字：Nur Diyana Nasriah Binti

【简介】

位于加里曼丹岛西北部，北濒南中国海。海岸线长约162公里，有33个岛屿。文莱的主要民族是马来人和华人。马来语为其国语，通用英语，华人使用华语较广泛。伊斯兰教为国教，其他还有佛教、基督教等。

【"一带一路"新成果】

中、文两国在2014年9月签署《文莱—广西经济走廊经贸合作谅解备忘录》，探索进行次区域合作的新模式。双方确定在农业、工业、物流、清真食品加工、医疗保健、制药、生物医药等领域开展全面合作，推动"文莱—广西经济走廊"成为"21世纪海上丝绸之路"的重要组成部分。2015年9月，中国建筑股份有限公司和文莱方面签署价值3.3亿美元的承包合同，参与建设文莱淡布隆跨海大桥。中国水利水电建设集团与文莱百科地公司联合承建了乌鲁都东供水工程项目，中方负责重要且难度大的大坝修建工作。

请你做一个自我介绍。

你好，我叫博赫丹，我来自乌克兰。我在基辅国立大学东方学院学习。现在我是学生，马上要毕业了。

参加这次活动，你有什么感受？

现在乌克兰和中国关系越来越好，所以我觉得这个论坛可以让我们的关系更好。

现在国外有很多挑战，所以来自各国的年轻学生可以交流经验。

你会用什么词来形容中国？

对中国来说，我可以说一个词"超赞"！

乌克兰
Ukraine

国家：Ukraine
姓氏：Pimonenko
名字：Bohdan

【简介】

位于欧洲东部，是欧洲除俄罗斯外领土面积最大的国家，工农业较为发达。人口 4555 万，有 110 多个民族，乌克兰族占 72%，俄罗斯族占 22%。官方语言为乌克兰语，俄语广泛使用。主要信奉东正教和天主教。

【"一带一路"新成果】

2017 年 1 月访华期间，乌克兰总统波罗申科指出中乌双方在物流、港口、农业、钢铁、机械制造等领域合作潜力巨大，乌方欢迎中国企业加大对乌投资。

2017 年 4 月 24 日，为期 6 天的"一带一路"中国和乌克兰文化交流周在基辅举行，其间中乌商业论坛将为两国中小企业合作搭建平台。乌克兰总统波罗申科 25 日表示，乌克兰希望深化与中国的全面合作，他将为乌中两国进一步深化文化与经济合作继续努力。

请你做一个自我介绍。

我叫 Aziza，我来自乌兹别克斯坦。目前我是塔什干威斯敏斯特国际大学的一名学生，也是一个名为"国际福利组织"的学生会的成员。

你如何看待"一带一路"？

我的国家坐落在亚洲中部，曾经参与过丝绸之路贸易。丝绸之路让商品以及经验、工艺交流成为可能。这种交流应该继续下去，因为这不仅有助于经济发展，也能促进人们之间的联系。

参加这次活动，你有什么感受？

这是我第一次参加国际论坛。很激动能有机会和政府代表、联合国教科文组织官员以及来自 65 个国家的青年们分享我的看法。我想向主办方致以诚挚的感谢，感谢给了我这次机会，同时也感谢志愿者们，他们对我非常友善热情。

你会用什么词来形容中国？

热情好客。我在中国见到的每一个人，都很友善，很热心地帮我解决任何问题。

我想送去我的问候，也想帮助各国和各个民族保护他们的传统和创造性。

乌兹别克斯坦
Uzbekistan

国家：The Republic of Uzbekistan
姓氏：Muminova
名字：Aziza

【简介】

位于中亚腹地，是双内陆国，南靠阿富汗，北部和东北与哈萨克斯坦接壤，东、东南与吉尔吉斯斯坦和塔吉克斯坦相连，西与土库曼斯坦毗邻。人口 3212 万，首都塔什干。共有 134 个民族，乌兹别克族占 78.8%，乌兹别克语为官方语言，俄语为通用语言。多数居民信奉伊斯兰教（逊尼派）。

【"一带一路"新成果】

中国提出的"一带一路"倡议给乌兹别克斯坦带来了新的机遇。中国—中亚天然气管道、中国工业园等一大批合作项目进展顺利，涵盖能源、交通、化工、高科技等领域；北京、广州、乌鲁木齐开通了到塔什干的客运或货运航线；中国华为、中石油、鹏盛、中兴等企业积极投资乌兹别克斯坦，给当地带来就业机会，带动当地经济发展。由中铁隧道集团承建的安格连—帕普铁路卡姆奇克隧道于 2016 年 2 月底顺利贯通，该隧道段是安格连—帕普铁路全线的咽喉要道，被称为"中亚第一长隧道"。铁路建成后，将改变乌境内运输需绕道他国的窘境，对于乌兹别克斯坦改善民生、发展经济和对外联通有着重要意义。

各国青年代表们与泉州南少林武僧的
合影。

请你做一个自我介绍。

你好，我是 Evelyn，我来自新加坡。我去年刚刚大学毕业，学的是心理学专业。我目前在新加坡做私人教师和志愿者工作。我很喜欢做志愿者，它能打开我的视野，它教会了我如何与不同背景的人一起工作。

你如何看待"一带一路"？

"一带一路"，这是习近平主席提出的一个倡议。据我所知，它的目的是推动沿线国家的贸易，让这些国家发展更快。我觉得这是一个非常好的倡议。它能给民众、贸易者带来更多信心。我们学生，也能从中学习很多东西。它向我们展示了不同的工作文化和贸易文化，当商人来到我国做生意的时候，这个项目会促进投资，能带来更多商品，我们能从中获益良多。

参加这次活动，你有什么感受？

能参与这次活动，我非常感恩。我觉得联合国教科文组织举办的这次活动非常有意义。我接触到世界各地的人，很多国家的人都是第一次见到。比如说，来自爱沙尼亚的朋友。这次一共有来自 65 个国家的年轻人，参与者非常多。我也可以学习到很多文化和习俗方面的东西。

我在长沙最难忘的经历，就是在湘江上的游船之旅。我们在船上观看了烟花表演，非常壮观，我非常喜欢。这是我第一次看到这么壮观的烟花。我们一起唱歌，一起欣赏湘江旁的美景。

新加坡
Singapore

国家: The Republic of Singapore
姓氏: Wong
名字: Ee Ting Evelyn

【简介】

总人口 553.5 万（2015 年），华人占 75% 左右。马来语为国语，英语、华语、马来语、泰米尔语为官方语言。位于马来半岛南端、马六甲海峡出入口，北隔柔佛海峡与马来西亚相邻，南隔新加坡海峡与印度尼西亚相望。由新加坡岛及附近 63 个小岛组成，其中新加坡岛占全国面积的 88.5%。

【"一带一路"新成果】

新加坡地理位置优越，是"21 世纪海上丝绸之路"沿线要地。2013 年至 2015 年，中国连续三年成为新加坡最大贸易伙伴，新加坡连续三年成为我国第一大投资来源国。两国间有苏州工业园区、天津生态城和中新（重庆）战略性互联互通示范项目三大政府间合作项目，以及广州知识城、吉林食品区、川新创新科技园等地方合作项目。新加坡与山东、四川、浙江、辽宁、天津、江苏、广东等 7 个省市分别建有经贸合作机制。

请你做一个自我介绍。

我叫 Norina，我来自匈牙利。我是国际关系的学者和博士生。

你如何看待"一带一路"与匈牙利的关系？

匈牙利是签署"一带一路"协议的第一个欧洲国家。匈牙利希望能够进一步与中国合作，比如像匈牙利—塞尔维亚高速公路这样的项目，还有其他很多主要的基建项目。我相信这是两国增进关系、未来继续成功合作的好机会。

你认为解决当今世界问题的办法是什么？

我相信每个人都有让其他人生活得更好的能力，不要浪费这个能力。我相信教育的力量，它能给我们力量。我们今天在这里相聚，就得帮助那些没有那么幸运的群体。

参加这次活动，你有什么感受？

我要感谢主办方，感谢为这次论坛付出的人。我非常感恩能见到这么多的专家和优秀的人。

你会用什么词来形容中国？

友好。我爱中国。

匈牙利
Hungary

匈牙利

Hungary

国家：Hungary
姓氏：Szántó
名字：Norina

【简介】

匈牙利，中欧内陆国，人口 987.7 万（2014 年 1 月），主要民族为匈牙利（马扎尔）族，约占 90%。东邻罗马尼亚、乌克兰，南接斯洛文尼亚、克罗地亚、塞尔维亚，西靠奥地利，北连斯洛伐克。官方语言为匈牙利语。

【"一带一路"新成果】

2015 年 6 月，匈牙利同中国签署"一带一路"备忘录，这是中国同欧洲国家签署的第一个此类合作文件。

"一带一路"倡议和匈牙利"向东开放"不仅在地理意义上有所重叠，其发展愿景更是高度契合，二者将两国及沿线国家和地区紧密地连接在一起。

基础设施互联互通是"一带一路"建设的重点领域。2013 年 11 月，中国、匈牙利和塞尔维亚三国宣布合作改造升级匈塞铁路。匈塞铁路建成通车后，线路运行时间预计将从目前的 8 小时缩短至 3 小时以内。

请你做一个自我介绍。

Hello，我叫 Ghassan。我在华东师范大学学习教育学，我喜欢中国人，我喜欢中国文化。

你如何看待"一带一路"与叙利亚的关系？

叙利亚是丝绸之路沿线的一个国家。它为丝绸之路的历史作出了贡献。叙利亚和丝路国家之间一直保持良好关系，特别是与中国。丝绸之路在我国历史上是非常有名的，我们对这个历史的讨论非常多。叙利亚将会继续为从中国到西方沿线国家之间的合作交流作出贡献。

参加这次活动，你有什么感受？

此次论坛的年轻参会者将来不会只在自己的国家工作，他们的事业将遍布全球。所以，此次论坛意义重大，它给各国建立了联系，给青年人提供了一个讨论的平台，给 65 个国家将来会实施的措施提供了一个连接点。

你会用什么词来形容中国？

礼貌，他们待人礼貌、尊重别人。

平和，爱好和平、十分友好。

好客，非常欢迎外国人，别人需要帮助的时候总是热情相助。

叙利亚

Syria

国家：The Syrian Arab Republic
姓氏：Shughri
名字：Ghassan

【简介】

　　叙利亚位于亚洲大陆西部，地中海东岸。北靠土耳其，东南邻伊拉克，南连约旦，西南与黎巴嫩、以色列接壤，西与塞浦路斯隔海相望。海岸线长183公里。语言为阿拉伯语。阿拉伯人占叙利亚80%以上人口，另外，还有库尔德人、亚美尼亚人、土库曼人等。

【"一带一路"新成果】

　　2016年9月22日，中国驻叙利亚大使在大马士革大马玫瑰酒店举办招待会，庆祝中华人民共和国成立67周年暨中国与阿拉伯叙利亚共和国建交60周年。大使在会上表示，中国愿在"一带一路"框架下积极参与未来叙经济社会重建。

　　叙利亚外交部部长助理艾伊曼·苏散表示，希望中国在叙问题上发挥更大作用，表示叙愿在"一带一路"框架下加强同中国在各领域的务实合作。

请你做一个自我介绍。

我来自亚美尼亚，我的名字是 Meri。我是北京语言大学的一名本科生，学习国际关系与外交。

你如何看待"一带一路"与亚美尼亚的关系？

亚美尼亚和"一带一路"的关系非常密切，我们双方的国家有长时间的历史关系，因为亚美尼亚也是一个拥有悠久历史的国家，虽然我们只是一个小国，需要对文化遗产进行保护，也需要与其他国家，包括中国这样的大国以及其他历史悠久的国家建立良好的关系。亚美尼亚和世界上其他的国家和文化都建立了良好的关系。

参加这次活动，你有什么感受？

联合国教科文组织让我的人生中有了一个丰厚的经历，在这里我遇见了世界各地形形色色的人，了解了他们的文化，熟悉他们的过程对我来说是很棒的经历，我很高兴来到了这里。而且，在中国走走看看对我来说也是非常美妙的经历，非常棒。

你会用什么词来形容中国？

中国是一个很棒的国家，很美丽，有着悠久的历史和灿烂的文化。

亚美尼亚
Armenia

国家：The Republic of Armenia
姓氏：Mkhitaryan
名字：Meri

【简介】

亚美尼亚位于亚洲与欧洲交界处的外高加索南部的内陆国。西接土耳其，南接伊朗，北临格鲁吉亚，东临阿塞拜疆。亚美尼亚族约占96%。官方语言为亚美尼亚语，居民多通晓俄语。主要信仰基督教。

【"一带一路"新成果】

2015年3月，亚美尼亚总统萨尔基相对中国进行国事访问，两国元首签署了《亚美尼亚共和国和中华人民共和国关于进一步发展和深化友好合作关系的联合声明》。在这份文件中，亚美尼亚表达了愿意参与中国"一带一路"倡议。目前双方在"一带一路"框架下的合作进入具体实践阶段。亚美尼亚与中国相关部门在一些项目的实施中通力合作，特别是在资本市场建设和交通基础设施建设方面着力甚多。亚美尼亚正在修建一条北南公路，中国公司参与竞标并胜出。此外，在亚美尼亚正在探讨落实亚中企业间玻璃、水泥、建材一系列合作项目。

请你做一个自我介绍。

我是 Halkom，来自也门。

你如何看待中国与也门的关系？

也门和中国的关系很好，也会越来越好。

你会用什么词来形容中国？

一个词，和平。我觉得中国是一个和平的国家。我在中国待了 5 年，我从来没有被偷过东西、也没有跟人吵过架。

也门
Yemen

国家：The Republic of Yemen
姓氏：Halkom
名字：Ala Mohammed Mohammed

【简介】

位于阿拉伯半岛西南端。与沙特、阿曼相邻，濒红海、亚丁湾和阿拉伯海，海岸线长 1906 公里。面积 55.5 万平方公里。

人口 2360 万。绝大多数是阿拉伯人，官方语言为阿拉伯语。伊斯兰教为国教，什叶派的宰德教派和逊尼派的沙斐仪教派各占 50%。

【"一带一路"新成果】

2016 年 2 月 15 日，中国驻也门大使田琦在沙特首都利雅得向也门总统哈迪递交国书。田琦表示，中国将积极参与也门经济重建，双方将共同推进"一带一路"建设。

哈迪总统对中方长期以来对也门的帮助和支持以及在也门问题上秉持的客观公正立场表示了感谢。他表示，也门政府将继续坚定致力于也中友好事业发展，欢迎中方积极参与也经济重建，共同推进"一带一路"建设。

请你做一个自我介绍。

我叫 Adel，来自伊拉克，在上海华东师范大学就读。

你如何看待"一带一路"？

我很期待。它会让距离遥远的人走得更近。伊拉克和中国签署了长期能源保护的备忘录，我希望"一带一路"能够促进我们国家的经济发展。

你认为解决当今世界问题的办法是什么？

通过教育，我们才能知道我们之间是不同的，同时接受这种不同。虽然我们的皮肤颜色不一样、宗教不一样，但我们身体里流着的是一样的血。

参加这次活动，你有什么感受？

我很感谢联合国教科文组织给我们这次机会，我见到了来自 65 个国家的朋友。如果不是这个机会，我不会在一个地方见到这么多朋友。我们学到了很多。我还要感谢志愿者们，从他们的眼神里就能看到对自己国家和文化的热爱。我非常感动，这次活动让我获益良多。

你会用什么词来形容中国？

非常奇妙。中国非常多元。中国人理想崇高，一起为共同目标而奋斗。这也是我想在自己国家实现的事情。

伊拉克

Iraq

国家：The Republic of Iraq
姓氏：Al Mufti
名字：Adel

【简介】

位于亚洲西南部，阿拉伯半岛东北部。北接土耳其，东临伊朗，西毗叙利亚、约旦，南接沙特、科威特，东南濒波斯湾。人口 3600 万（2015 年）。其中阿拉伯民族约占 78%，库尔德族约占 15%。官方语言为阿拉伯语和库尔德语。居民中 95% 以上信奉伊斯兰教。

【"一带一路"新成果】

伊拉克外长易卜拉欣·贾法里曾表示，古丝绸之路曾是中国与阿拉伯世界开展贸易、文化交流的重要通道，伊拉克是古丝绸之路上的重要一站，如今中国提出的"一带一路"建设构想将使包括伊拉克在内的各国从中受益。贾法里表示，伊拉克在基础设施建设等方面有着巨大的需求，而中国既有能力也有丰富的经验来帮助伊拉克实施战后重建。他说："中国有多元的能力，而伊拉克有潜力，也有很大的需求。中国有经验，也有很高的工业能力。我们双方在能源、石油、电力、天然气等领域都有好的合作前景，而经济、贸易上的友好往来也会成为两国间政治关系稳固的基础。"

请你做一个自我介绍。

我叫 Hanieh，来自伊朗。我是一名法律顾问，在伊朗一家负责社区发展的非政府机构工作。

你如何看待"一带一路"与伊朗的关系？

我认为丝绸之路大部分覆盖了我的国家伊朗。相信青年人、当地人和基层社区，我们的世界会变得更好。

参加这次活动，你有什么感受？

这次论坛的志愿者很棒，我想感谢联合国教科文组织以及可爱的志愿者们。

你会用什么词来形容中国？

中国很伟大，大写的"伟大"。

伊朗
Iran

国家：The Islamic Republic of Iran
姓氏：Moghani
名字：Hanieh

【简介】

　　首都德黑兰。位于亚洲西南部，南濒波斯湾和阿曼湾，北隔里海与俄罗斯和哈萨克斯坦相望，素有"欧亚陆桥"和"东西方空中走廊"之称。全国人口中波斯人占 66%，阿塞拜疆人占 25%，库尔德人占 5%。官方语言为波斯语。伊斯兰教为国教。

【"一带一路"新成果】

　　"一带一路"倡议提出后，伊朗积极与中国"一带一路"倡议进行战略对接，呈现出政策、贸易、资金、基建和民心"五通并进"良好态势。

　　中国驻伊朗大使庞森表示，伊朗无论是在陆上"丝绸之路经济带"还是在"海上丝绸之路"的合作建设中，都将发挥不可替代的重要作用。中国企业在伊朗具有较强竞争力。德黑兰在修建的地铁中，中国公司就负责承接了其中的 3 条。

请你做一个自我介绍。

大家好，我的名字是 Nor，来自以色列，现在在上海学习工商管理。

你如何看待"一带一路"？

我觉得"一带一路"是一个很好的"抓手"，通过"一带一路"，可以了解中国和别的国家的文化和历史，可以了解别人的文化，知道他们是怎样的人。

参加这次活动，你有什么感受？

我喜欢这个论坛，因为我觉得中国这个论坛让我与别的国家的人交流，让我知道他们的文化、他们的国家的情况。我觉得这个论坛对于年轻人来说很重要。

你会用什么词来形容中国？

有趣，它是非常多元化的，比方说每一个城市都有自己的文化、自己的方言，从某种意义上来说，不同城市里的人也是不同的。看一看中国本身内部之间有这么大的差异，是一件很有趣的事。我想多认识一些中国人。

以色列
Israel

以色列
Israel

国家：The State of Israel
姓氏：Maasarwe
名字：Nor

【简介】

以色列位于亚洲最西端。毗邻巴勒斯坦。东接约旦，东北部与叙利亚为邻，南连亚喀巴湾，西南部与埃及为邻，西濒地中海，北与黎巴嫩接壤。海岸线长度 198 公里。希伯来语和阿拉伯语均为官方语言，通用英语。大部分居民信奉犹太教。

【"一带一路"新成果】

以色列是"21 世纪海上丝绸之路"的重要节点，是中东地区联系亚洲和欧洲的重要枢纽，也是亚投行的创始成员国。"一带一路"倡议将有助于促进以色列经济和对外贸易的发展，更将开启中以经贸合作新篇章。以色列目前正在推动基础设施建设，包括在港口城市海法建设新港口，修建特拉维夫"红线"地铁项目，中港建设集团和中铁隧道集团也都参与到了这些项目中。此外，以色列的公司和科研机构，也非常希望扩大与中国的合作，与中国分享先进的技术，并设立联合研发机构。

请你做一个自我介绍。

我是 Manav Vij，来自印度新德里。我目前在普沙酒店管理学院攻读酒店管理学学士学位。

你如何看待"一带一路"与印度的关系？

对印度来说，印度和丝绸之路的关系非常重要，尤其是对它的进出口来说。印度在古代是一方大国，我希望它未来能参与"一带一路"建设。

参加这次活动，你有什么感受？

这次国际青年论坛对很多人来说都是一个很好的平台。特别是对我来说，我代表印度来到这里。这是进一步学习和探索其他文化的好机会，同时也是我向世界介绍自己民族文化的好机会。

印度
India

印 度
India

国家：The Republic of India
姓氏：Vij
名字：Manav

【简介】

印度是世界四大文明古国之一，是南亚次大陆最大的国家。面积约 298 万平方公里（不包括中印边境印占区和克什米尔印度实际控制区等）。人口 12.95 亿（世界银行 2014 年统计数据），居世界第 2 位。

印度有 100 多个民族，世界各大宗教在印度都有信徒，其中印度教教徒和穆斯林分别占总人口的 80.5% 和 13.4%。官方语言是印地语和英语。货币是卢比。

【"一带一路"新成果】

2014 年 9 月 17 日，国家主席习近平在印度古吉拉特邦进行访问时，印度总理莫迪全程陪同。两国领导人亲切会见，共同参观甘地故居和河岸公园发展项目，追昔抚今，展望未来。

"一带一路"贸易中，从中国进口机电音像设备及其零部件商品的国家中印度占比最大，达 17.8%；从中国进口纺织原料及制品、金属及其制品、化学工业及制品、车辆及运输设备占比前五的国家中都有印度。

观看闽南文化表演的伊朗女孩
Niloofar。

请你做一个自我介绍。

我叫 Raghav，我是来自印度新德里的一名用户体验设计师。

你如何看待"一带一路"与印度的关系？

我觉得印度一直都是历史上丝绸之路的一部分。我希望印度能够在未来参与到"一带一路"建设中。

你认为年轻人对世界会产生什么样的影响？

我相信未来的力量掌握在年轻人手中。像贫穷、歧视和气候变化的问题，可以通过给年轻人提供好的机会而解决。

参加这次活动，你有什么感受？

这次论坛给了我很多与不同文化的人互动和交流的机会。我已经等不及下次再来了。

印度

India

国家：The Republic of India
姓氏：Sethi
名字：Raghav

【简介】

印度是世界四大文明古国之一，是南亚次大陆最大的国家。面积约 298 万平方公里（不包括中印边境印占区和克什米尔印度实际控制区等）。人口 12.95 亿（世界银行 2014 年统计数据），居世界第 2 位。

印度有 100 多个民族，世界各大宗教在印度都有信徒，其中印度教教徒和穆斯林分别占总人口的 80.5% 和 13.4%。官方语言是印地语和英语。货币是卢比。

【"一带一路"新成果】

2014 年 9 月 17 日，国家主席习近平在印度古吉拉特邦进行访问时，印度总理莫迪全程陪同。两国领导人亲切会见，共同参观甘地故居和河岸公园发展项目，追昔抚今，展望未来。

"一带一路"贸易中，从中国进口机电音像设备及其零部件商品的国家中印度占比最大，达 17.8%；从中国进口纺织原料及制品、金属及其制品、化学工业及制品、车辆及运输设备占比前五的国家中都有印度。

请你做一个自我介绍。

我叫 Paridhi Rustogi，来自印度。现在是德里科技大学的环境工程专业学生。

你如何看待中国与印度的关系？

印度和中国历史源远流长。佛教现在是中国最主要的宗教之一，它发源于印度，现在已经传遍全球。印度和中国是丝绸之路上的重要国家，它们的合作可以在未来取得许多成就。

你认为解决当今世界问题的办法是什么？

世界上每个人和每个有机体都面临的问题就是环境。通过关注水源、空气和食物，我们每个人都能为环境做一点事情。

参加这次活动，你有什么感受？

这个论坛是我了解中国的一个契机。论坛结束后，我发现我们对中国还有不少刻板印象。我希望人们能更多关注她美好的一面，她的文化和遗产，她的人民，中国人的善良和热情。

印度
India

国家：	The Republic of India
姓氏：	Rustogi
名字：	Paridhi

【简介】

　　印度是世界四大文明古国之一，是南亚次大陆最大的国家。面积约 298 万平方公里（不包括中印边境印占区和克什米尔印度实际控制区等）。人口 12.95 亿（世界银行 2014 年统计数据），居世界第 2 位。

　　印度有 100 多个民族，世界各大宗教在印度都有信徒，其中印度教教徒和穆斯林分别占总人口的 80.5％和 13.4％。官方语言是印地语和英语。货币是卢比。

【"一带一路"新成果】

　　2014 年 9 月 17 日，国家主席习近平在印度古吉拉特邦进行访问时，印度总理莫迪全程陪同。两国领导人亲切会见，共同参观甘地故居和河岸公园发展项目，追昔抚今，展望未来。

　　"一带一路"贸易中，从中国进口机电音像设备及其零部件商品的国家中印度占比最大，达 17.8％；从中国进口纺织原料及制品、金属及其制品、化学工业及制品、车辆及运输设备占比前五的国家中都有印度。

请你做一个自我介绍。

我叫 Rizky Ashar，我来自印度尼西亚。我现在是印尼第 24 大学的联络员，负责增强融合性。我对于社会问题有很大的热情，这已经是我在印尼参与社会活动和做志愿者的第九年了。我也是手语专家，可以和残疾人，特别是聋哑人用手语交流。我相信总有一天，我们这个星球会把世界上所有的人都融合起来。包括残疾人，他们也能获得均等的信息和机会。

你如何看待"一带一路"与印度尼西亚的关系？

印度尼西亚在这个倡议中的获益将是最多的。它不仅会给印尼，还会给丝路沿线其他国家带来就业机会。21 世纪海上丝绸之路的建设，合作会增强各国经济竞争力，减少货运成本。这对于印尼的出口是非常重要的。

参加这次活动，你有什么感受？

能够参加青年论坛，我感到非常荣幸。国家之间增进交流、建立对话、提出想法、分享想法是非常重要的。我希望每个人回去后都能为自己国家作出贡献，能够产生影响，建设一个更好的社会。这对我来说是非常好的交换思想的机会。我不仅仅在论坛上学习，还能在旅行中学习，比如我们去拜访了岳麓书院和橘子洲头。我认识到，我们必须保护好文化遗产，也要宣传好自己的文化。

印度尼西亚

Indonesia

国家：The Republic of Indonesia
姓氏：Murdiono
名字：Rizky Ashar

【简介】

　　印度尼西亚位于亚洲东南部，地跨赤道。人口总数为 2.555 亿，是世界第四人口大国。有数百个民族，其中爪哇族人口占 45%。民族语言共有 200 多种，官方语言为印尼语。约 87% 的人口信奉伊斯兰教，是世界上穆斯林人口最多的国家。

【"一带一路"新成果】

　　2015 年 10 月 16 日，中国和印尼正式签署雅万高铁项目。雅万高铁全长 150 公里，连接印尼首都雅加达和第四大城市万隆，最高设计时速 350 公里，计划 3 年建成通车。将全部采用中国装备。这是中国高铁第一次全系统、全要素、全产业链走出国门、走向世界。

请你做一个自我介绍。

我叫 Haneen Al-Moslam，来自约旦。目前在非政府组织为自闭症儿童工作。

你如何看待"一带一路"与约旦的关系？

约旦处在非洲和亚洲的连接点，它是丝绸之路上的一个重要中间点。很多轮船都要经过这里，不管是来自非洲、欧洲还是土耳其的轮船，都要经过约旦到达亚洲各地。

丝绸之路经过很多不同的地方，沿线国家有的贫穷、有的富有、有的处在战乱之中。请好好利用这条道路，让世界变得更加平等。

你认为解决当今世界问题的办法是什么？

我相信幸运的人应该知道自己的幸运之处，用自己拥有的东西来帮助那些不那么幸运的人。

参加这次活动，你有什么感受？

这是我第一次到中国来，参加这个论坛。我收获了很多东西，打破了内心里很多的屏障。

你会用什么词来形容中国？

中国是一个富有的国家。我爱她。

约旦
Jordan

国家：The Hashemite Kingdom of Jordan
姓氏：Al-Moslam
名字：Haneen Mohammad Sanad

【简介】

位于亚洲西部，阿拉伯半岛西北。面积8.9万平方公里。98%的人口为阿拉伯人，还有少量切尔克斯人、土库曼人和亚美尼亚人。国教为伊斯兰教，92%的居民属逊尼派，2%的居民属于什叶派和德鲁兹派。信奉基督教的居民约占6%，主要属希腊东正教派。官方语言为阿拉伯语，通用英语。

【"一带一路"新成果】

2015年9月9日，国家主席习近平在人民大会堂会见约旦国王阿卜杜拉二世。

习近平强调，中方欢迎并积极支持约方参与"一带一路"建设，愿同约方加强发展战略对接，深化能源、基础设施建设等领域合作。中方鼓励有实力的中国企业到约旦投资兴业，支持扩大从约旦进口，希望约方继续为中国企业在约旦投资提供协助和便利。

文莱女孩 Nash 在展示自己刚刚获得的中文名字。

请你做一个自我介绍。

大家好，我叫 Nhu Quynh，来自越南，目前在非政府组织工作。

你如何看待"一带一路"？

中国正在建设 21 世纪海上丝绸之路，途经东南亚和欧洲。越南非常珍视与中国的稳定关系。

参加这次活动，你有什么感受？

这次论坛给我们创造了一个在一起分享保护文化遗产的想法的机会。中国人非常慷慨，主办方为我们参与这次活动做了精心准备。非常感谢。

你会用什么词来形容中国？

中国是一个非常美丽和慷慨的国家。

越南

Vietnam

国家：Socialist Republic of Vietnam
姓氏：Nguyen
名字：Nhu Quynh

【简介】

越南位于中南半岛东部，北与中国接壤，西与老挝、柬埔寨交界，东面和南面临南海。北方分春、夏、秋、冬四季。南方雨旱两季分明，大部分地区 5—10 月为雨季，11 月至次年 4 月为旱季。越南有 54 个民族，京族占总人口的 86％，岱依族、傣族、芒族、华人、侬族人口均超过 50 万。主要语言为越南语。

【"一带一路"新成果】

中国的"一带一路"合作倡议与越南的"两条经济走廊一个经济圈"发展规划对接，共同促进了两国海上、陆上以及金融领域的合作。截至 2016 年 8 月，中国企业在越累计签订承包工程合同额 381.4 亿美元，完成营业额 314.5 亿美元，其中，2016 年 1—8 月，新签合同额 13.6 亿美元，完成营业额约 35.3 亿美元。越中友谊宫位于越南首都河内市新区中心地带，是两国合作的一个重要项目，占地面积约为 3.3 公顷，建成后将成为越中两国开展友好交流活动的专门场所。

请你做一个自我介绍。

大家好，我叫林琛琛，我现在是湖南大学的一名大四学生。

你如何看待"一带一路"？

"一带一路"建设，对中国来说是一个非常好的机会。首先是能够帮助周边的国家进行更好的发展，同时也可以展现中国和平发展的意愿和实力。我觉得这是一个非常好的机会。

参加这次活动，你有什么感受？

我们年轻人，既是最有活力的一代，也是未来的领导者。如果要让世界变得更好，年轻人就要贡献自己的力量。这是我第一次参加联合国教科文组织的活动，这个论坛真的非常用心，我想感谢所有的工作人员以及所有志愿者，你们辛苦了！

你会用什么词来形容中国？

骄傲！
欢迎所有"一带一路"沿线国家的人民来到中国。

中国
China

国家：The People's Republic of China
姓氏：林
名字：琛琛

请你做一个自我介绍。

我叫陆思敏，来自福建泉州，是一名大四学生，就读于华侨大学工商管理学院国际商务专业。作为一个泉州人，我从小就知道泉州是海上丝绸之路的起点，它又叫刺桐城。马可·波罗曾经来到我们的城市，当他走到泉州港口的时候，发现满树的刺桐花在迎接他。在历史上有很多对泉州海上丝绸之路起点的记载，比如英国作家安妮曾经写下《春天之城》（*The City of Spring*），详细描述了泉州的市井生活，给我留下了很深的印象，让我从另一种文化的角度去理解泉州。

参加这次活动，你有什么感受？

我跟 60 多个国家的朋友在一起，这对我来说是非常享受的。我曾经是模联（模拟联合国）代表。我曾经代表过以色列、阿塞拜疆、立陶宛等国家，参与联合国儿童基金会和联合国教科文组织的模拟外交官的活动，所以我特别有亲切感。我了解他们的国情，跟他们聊天，他们会慢慢在感受中国的过程中，接纳中国跟他们的不同，消除偏见。文化能够产生和平，这就是这个论坛对我来说最大的感触。

一个阿塞拜疆的小哥，在橘子洲头跟我聊了共享经济在阿塞拜疆和中国的可行性。

中国
China

国家：	The People's Republic of China
姓氏：	陆
名字：	思敏

体验泉州梳篦花围的乌兹别克斯坦代表 Aziza。

下 篇

美好时光

Beautiful Memories

中国非物质文化遗产女书："一带一路"青年创意与遗产论坛，胡欣女士撰写。

李枚萱

1996 年　中南大学
中国长沙代表

独白长沙篇 · 创意无限

　　作为一名长沙人，论坛在长沙举办期间，我所扮演的角色不仅仅是一名参会青年代表，更是一位向大家展示美丽星城长沙的东道主。因此，每到一处参观地点，我都会主动地为身边的青年代表详细介绍，希望他们能更全面地了解长沙。从岳麓书院古色古香的开幕式，到夜游湘江欣赏高科技烟花秀，再到参观 P8 星球可持续创新社区，都让各国青年代表对长沙的媒体艺术创意的发展赞叹不已。其中一些代表更是深受启发，希望能将其中的一些好创意带回自己国家。

　　除了为家乡骄傲，我自己此行收获最大的便是与各位青年代表之间的文化交流。国际良知遗址联盟理事会主席杜杜·迪安在一次谈话时说，当我们在了解自己的文化时，应从美学、道德、精神三个层面入手。这让我深受启发，我开始从这三个方面思索我们中华文化的内涵，并向其他国家青年代表介绍展示我们的文化。相应地，在交流互动的过程中，我也了解到很多国家的文化特点。比如以前我对伊斯兰教知之甚少，但是在此次论坛中我结识了许多来自伊斯兰国家的青年代表，如沙特阿拉伯的 Salman、阿联酋的 Mansour、伊拉克的 Adel 等，经过这些朋友的介绍，我渐渐了解到很多关于穆斯林的知识，如他们的饮食禁忌、婚嫁制度、礼拜注意事项等，我对伊斯兰教有了更进一步的认识。再比如，来自突尼斯的 Samar 对汉字十分感兴趣，希望我能帮她起个中文名。我根据音译的原则，为她取名为"萨茉"，并为她解释其意：一则"萨"与"Sa"发音相近，二则此姓给人以异域风情，正好适合她的外国友人身份。另外，"茉"代表茉莉花，一来中国有首名扬四海的歌曲《茉莉花》，二来茉莉花清纯可人，正如她美丽的外表。没想到，她惊讶地叫道，茉莉花正好是她们国家的国花！真是无巧不成书。她对这个名字十分喜欢，进而让我教了她正确书写的笔画，又将她的新名字一笔一画、工工整整地写在了笔记本的封面。之后，她主动提出教我如何用阿拉伯语书写我名字的拼音，就这样我也得到了自己的阿拉伯名字。正是在这样的交流中，我们互相探索、了解、尊重彼此的文化。我想，这也是此次青年论坛的目的之一吧。

图片故事

　　4月17日早晨，李枚萱早早来到长沙岳麓书院门口。今天是个不寻常的日子，"一带一路"青年创意与遗产论坛即将在这里召开，面对这个自己从小长大的城市，李枚萱觉得，今天变得不同了。

　　什么是"一带一路"，李枚萱一直在思考。在这信息爆炸的时代，可以从多维度解读习近平主席提出的这个倡议。但是李枚萱一直希望可以有一个自己的答案。

"也许这一次，我会知道答案。"李枚萱对自己说。

湘剧是湖南的特色经典文化，不过对初来乍到的外国人而言还是有些难以理解。于是，李枚萱主动承担起小小解说员的角色。给阿联酋的曼苏尔仔细讲述了这幕剧的剧情，让阿联酋代表听得如痴如醉。

　　伊拉克的小哥 Adel 是一个高大帅气的男孩，她也是李枚萱在论坛首先认识的朋友之一。Adel 的
绅士和礼貌深深地触动了李枚萱，有一瞬间她甚至想去遥远的伊拉克看一看，去看看这个虽然饱经
战乱，但仍不失风度，在困境中努力寻找希望的国家。

　　李枚萱和 Adel 在一起闭目感受文化
创意园的高科技音乐演奏。

中国以瓷器闻名于世界。来到瓷器之国的外国青年们，自然也想亲手体验一把制作陶瓷的快感。但是，有想法是一回事儿，做得好不好又是另外一回事儿了。孟加拉代表 Ove 就把一个陶罐捏成了大象鼻子。李枚萱跟他边开玩笑，边重起炉灶。

来自突尼斯的 Samar 对汉字十分感兴趣，希望李枚萱能帮她起个中文名。枚萱根据音译的原则，为她取名为"萨茉"，并为她解释其意——"茉"代表茉莉花。Samar 对她说："茉莉花正好是我们国家的国花！"

在 4 月 19 日的《长沙宣言》讨论会上，李枚萱站起来代表中国作陈述。此时此刻，她觉得关于什么是"一带一路"，她找到了自己的答案。"'一带一路'维系的，是人们向往美好的心灵。"这是她的理解，也是她想告诉这个世界的。

在 4 月 19 日的《长沙宣言》讨论会上，李枚萱和其他中国代表一起讨论发言。

陆思敏

1993 年　华侨大学
中国泉州代表

独白泉州篇 · 史迹遍布刺桐港

　　泉州是我的家乡，也是这次青年论坛的第二个主办城市。

　　对于泉州，我熟知她的秉性，了解她的风貌。这是一个无论你是何种信仰，是何种背景都能够找到一席之地的城市。波斯世家王子曾在这里定居，伊斯兰先贤在这里安眠，朱子曾来讲学，弘一法师在这里以血书写人生的"悲欣交集"。在这里，你可以在 2 公里内找到教堂、清真寺和庙宇，信仰和平相处，在千年的时光中与泉州文化融为一体。

　　我们戴起专属于泉州蟳蜅女的花盘，在府文庙大成殿前合影，我们就像花盘上相互紧挨簇拥着的鲜花，手挽着手微笑着向泉州问好。格鲁吉亚的代表告诉我，那一刻，她有了"我们都是泉州人"的感觉；我们还一起手拿提线木偶，学着怎么带它们跳起骑马舞。

　　结束了文化体验，以及清真寺和开元寺的参观后，我与叙利亚代表海思安坐在一起吃午餐，听他讲述对泉州的喜爱，以及对叙利亚和平的期待。海思安说，我们的宗教本就有着相似的地方，其教义虽然不同，但总体而言鼓励人们向好向善，在世界的其他地方，这些宗教总是存在着这样或是那样的大小摩擦和冲突，但泉州好比这些宗教的港湾，"确实，这里也是一座港湾"，他很开心地称呼我为他的"家人"，也鼓励我在未来，努力构建、号召出更多如泉州这般包容的城市。

在泉州部分的开幕式上，杜杜·迪安博士说，他想让世界认识泉州。而我也想让世界了解泉州，以青年的力量。因此，我向专家讲座的嘉宾们提出了"如何将商科知识融入到文化遗产保护中"这一问题，并得到了来自世界各地专家学者的解答，并在其后的游览参观中不断体会到"商务＋文化遗产保护"的可能性。

站在泉州，对话世界，我收获了不一样的精彩。

图片故事

　　在中国最早的跨海石桥——泉州洛阳桥上,陆思敏带着自己新认识的外国朋友——文莱姑娘 Nash 和斯里兰卡小伙 Rakhitha Asela Dissanayake 观看泉州大海的风景,然后一句一句地教他们学唱中国名曲《茉莉花》。海风吹起了他们的头发,清新的歌声飘荡在空中,每个人脸上都是开心的笑容。此时此刻,陆思敏觉得,世界是如此美好。

　　在泉州,活泼可爱的陆思敏很快就受到外国青年代表的欢迎,小陆同学也因此收获了很多友谊。图为她和她的新闺蜜——来自印度的 Paridhi 的合影。

　　作为一个泉州通，陆思敏认为，泉州是一个无论你是何种信仰，是何种背景都能够在这里找到一席之地的城市。因此，在清净寺这一穆斯林在中国创建的现存最古老的清真寺中，她给各国青年讲述泉州对宗教文化的历史脉络和兼收并蓄的包容之风。大家深受触动。

　　海思安大叔是小陆最喜欢的新朋友之一。在老君岩时，海思安指着门口"老子天下第一"的石碑问她这是什么意思。"我可是花了好大的力气才解释清楚。"小陆笑着说。

在听完小陆对泉州的历史和文化介绍后，印度姑娘 Paridhi 对小陆竖起了大拇指。

戴起专属于泉州蟳蜅女的花盘之后，陆思敏喊大家一起来文庙前合影。"那一刻我觉得大家都好美，我为我的故乡泉州感到无比的骄傲。"小陆说。

　　文莱姑娘 Nash 是一个开朗活泼的姑娘，她和小陆意气相投，一见如故。在跟小陆学习了《茉莉花》之后，她觉得小陆对中国文化确实非常了解。"跟小陆准没错，在泉州我终于找到可以抱的大粗腿啦！"Nash 半开玩笑地表示，自己非常非常喜欢这位中国好姑娘。

　　"你都可以当导游和销售员了！"在陆思敏请联合国的嘉宾们品尝泉州美食时，他们惊叹道。收获到所有人的点赞，小陆非常开心。

　　陆思敏对闽南文化有特殊的情结，所以，在欣赏闽南表演时，纵使已经看过许多遍，但她还是很投入。在她看来，闽南文化是融入自己血液的东西，对于这个孕育和滋养了自己精神的文化，她的态度恭敬如一。

　　阿尔巴尼亚的 Elsa 希望自己可以体验体验泉州的提线木偶。小陆于是就帮她和操偶的师傅打招呼，师傅欣然应允。Elsa 小心翼翼地提起木偶的线，想要再次重现刚才"江南 STYLE"的精彩表演，小陆在一旁也看得津津有味。

在活动闭幕式上，泉州代表陆思敏代表 84 位青年代表，宣读《泉州倡议书》："我们号召适合文化遗产保护的生态博物馆建设，为非物质文化遗产寻找更多传承的机会；带动身边的青年人主动接触不同文化，感受文化多样性带来的美好体验；号召青少年建立文化自豪感，了解自己的文化，并以之为荣……"此时此刻，陆思敏心潮翻涌，她感觉自己站在一个崭新的时代门口，看那大门向她缓缓开启，灿烂的光芒从里面喷薄而出。面对门后的大路，她知道自己并不孤单。在她身边，站着来自不同国家的新朋友。这条路不只是她一个人，而是他们，是大家一起的、共同的路，这就是"一带一路"。

采访拍摄间隙，临时"导演"陆思敏在跟外国朋友们"说戏"。

突尼斯姑娘 Samar 手机欠费了，陆思敏帮她协调购买中国的 SIM 卡和微信支付事宜。

长沙

"一带一路"青年创意与遗产论坛开幕式现场。

"一带一路"青年创意与遗产论坛现场。

联合国教科文组织总干事博科娃女士向论坛发来视频致辞。

4月17日开幕式上，杜越秘书长宣读刘延东副总理寄语。

"你们来到这里，是为了学习而来。"联合国教科文组织驻华代表欧敏行在开幕式现场告诉青年此行的任务。

4月17日开幕式上，湖南省委常委、长沙市委书记易炼红致辞。

"尽管我们的文化背景、国家和信仰有所不同，可是我们身体里都流淌着同一种颜色的血液。"巴勒斯坦驻华大使马赫达维在现场告诉青年代表不同文化之间求同存异的重要性。

尼泊尔驻华大使鲍德尔在开幕式现场向各国青年朋友发表演讲。

　　国际良知遗址联盟理事会主席杜杜·迪安先生在现场向各国青年讲述保护文化遗产发挥青年创意的意义。

　　4月17日开幕式上，丹尼斯·巴克斯专家演讲。

巴基斯坦青年 Abdullah Bin 在活动现场展示本国国旗。

外国代表在会场合影。

波兰青年 Swidrak 身着本国传统服饰在现场专注地听着代表发言。

来自印尼的青年代表报到时，带着民族乐器。

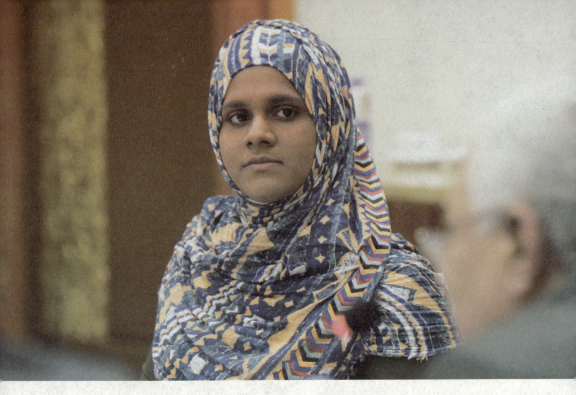

千年发展目标青年领袖。

中国青年代表和外国青年一起向着烟花欢呼。

青年代表的作品。

格鲁吉亚女孩 Nino 参加中国传统制陶工艺体验活动。

保加利亚代表 Denislav Stoychev 兴奋地和青年毛泽东雕像合影。

蒙古国代表 Nyamdavaa 和志愿者一起敬礼。

伊拉克青年 Adel 在和青年志愿者交流中国食物口味的问题。

外国嘉宾和青年代表们为精彩的表演鼓掌喝彩。

正在演出的湘剧。

哈萨克斯坦姑娘 Polina 在给保加利亚青年 Denislav Stoychev 演示如何正确使用筷子。

文莱姑娘 Nash 第一次品尝湖南特色美食——臭豆腐。

青年代表在长沙的 P8 文化创意产业园广场手牵手组成内外两个巨大的圆形，此时此刻连在一起的，还有彼此的心意。

文莱姑娘 Nash 和新加坡女孩 Wong Ee Ting Evelyn 在一起学唱一首粤语歌曲。

保加利亚青年 Denislav Stoychev 努力尝试使用筷子。

青年代表在参观文化产业园之后的合影。

在 P8 园区内的顶楼天台上，印度青年 Raghav 希望可以和背后的长沙市来一张合影。

刚刚结束凭栏远眺的斯里兰卡青年 Rakhitha Asela Dissanayake。

在《长沙宣言》的讨论环节中，巴勒斯坦的 Mahmoud N M 就如何保护遗产发表自己的意见。

"一带一路"青年创意与遗产论坛长沙分论坛的闭幕式现场。在这里，65 国青年共同讨论提出《长沙宣言》。

此次年龄最大的"青年代表"——来自叙利亚的43岁的海思安先生向大家发表自己的看法。在他看来，和平与稳定对于保护一个国家的文化和历史至关重要。

马其顿共和国的代表Ana就《长沙宣言》发表自己的意见。她认为，要实践文化创意，必须要发挥青年人的作用。

新加坡代表Wong Ee Ting Evelyn为《长沙宣言》做完善，她觉得保持各国青年的沟通和协作，才能实现全球意义上的文创发展。

"一带一路"青年创意与遗产论坛

Changsha,China 中国·长沙
2017 ·16-19

zers:
Nations Educational,Scientific and Cultu
ederation of UNESCO Clubs,Centres and
l Commission of China for UNESCO
ha Municipal People's Government

主办单位：
联合国教科文组织
联合国教科文组织协会世界联合
中国联合国教科文组织全国委员
长沙市人民政府

小组讨论后，上台作总结性陈述的沙特阿拉伯代表 Salman Ahmed T.。

《长沙宣言》讨论会
现场。

图为慷慨激昂地发
表意见的捷克青年 Celý
Petr。他认为要解决实
际问题，必须务实，而
务实的第一步，就是正
视当前世界面临的问题。

约旦代表 Haneen
Mohammad Sanad 作
总结性陈述。

中国长沙代表鹿方圆和林琛琛代表中国作陈述。

蒙古国代表 Dorjkhand 就宣言做最后的补充。

现场主持人孙敏。

会议结束后，新加坡代表 Ee Ting Evelyn 和越南代表 Nhu Quynh 在会场合影。

RITAGE ALONG TH

"一路" 青年创意与遗产论坛

Changs...

图为活动结束后长沙代表李梅萱与泉州代表陆思敏的合影。

泉州

因找到自己志愿者而开心的马来西亚女孩 Sheueli。

对泉州之行充满期待的马尔代夫代表 Hawwa。

在泉州落地之后，叙利亚代表海思安在和其他来自伊斯兰国家的代表交谈。

在酒店与其他伙伴讨论未来行程的土耳其代表 Levent。

福建省政协副主席李红在泉州开幕式上的致辞。

4 月 20 日在泉州的开幕式上，联合国世界遗产中心非洲部门主任埃德蒙·穆卡拉的专题演讲。

　　再临泉州的杜杜·迪安博士。"我太高兴了，我的泉州老朋友都在这里。"重访泉州的杜杜·迪安博士难掩兴奋。1991年2月14日—18日，联合国"海上丝绸之路"考察队乘坐"和平方舟"，来到昔日的"刺桐城"泉州，留下"这是海上丝绸之路考察最大发现"的赞叹。

　　杜杜·迪安博士参观泉州博物馆的古代碑刻。

各国代表在泉州植下常青树。

文莱代表 Nash 在泉州植下常青树。

从空中俯瞰老君岩。道教老君造像为中国最大的道教石雕，位于福建省泉州市丰泽区清源山风景名胜区主景区内，为全国重点文物保护单位。道教尊他为教主，奉《道德经》为主要经典。老子的哲学思想在中国占有重要位置，影响十分深远。

泉州市老君岩外景。

哈萨克斯坦代表 Polina 和自己新认识的小伙伴在开元寺的长廊里欣赏风景。

泉州的风景名胜开元寺的宝塔外景。

以色列代表 Nor 与开元寺僧人的合影。

尼泊尔的代表 Elina 在开元寺虔诚地礼拜。

泉州清净寺的石碑。清净寺，初名圣友寺，又称艾苏哈卜大清真寺，位于福建省泉州市区涂门街，是阿拉伯穆斯林在中国创建的现存最古老的清真寺，始建于北宋大中祥符二年（1009 年），是年为回历400 年。4 月 21 日，各国青年来到这里，体会泉州对宗教信仰的兼收并蓄。

蒙古国姑娘 Dorjkhand 在清净寺与古老的大榕树合影。

　　各国青年代表在泉州九日山摩崖石刻体验中国传统文化。九日山摩崖石刻位于泉州九日山上。其中宋代祈风石刻反映了当时来往于泉州港的海船依靠有规律交替的季风，从事海外贸易与交通的史实，尤为珍贵。

　　泉州府文庙内景，青年代表们梳篦花围的活动将在这里举行。

在泉州府文庙门口，青年代表们观看泉州南少林的功夫表演。

认真和中国师傅学习拳法的乌兹别克斯坦代表 Aziza 。

体验泉州梳簪花围的菲律宾代表 Katrina Coleen。

体验泉州梳簪花围的马来西亚女孩 Sheueli。

泉州的提线木偶表演。

提线木偶提笔书写的"中国梦"。

　　青年代表们在欣赏泉州非物质文化遗产——提线木偶的表演。被赞誉为"让木偶活起来"的福建提线木偶戏，即"嘉礼"戏，又称"加礼"戏，古称"悬丝傀儡"，又名线戏。泉州提线木偶形象，一般都系有 16 条以上，甚至多达 30 余条纤细悬丝，线条繁多，操弄复杂，与我国多数传统木偶戏相比，技巧表演难度最大。2006 年泉州提线木偶戏入选首批"中国非物质文化遗产保护名录"。

　　泉州府文庙旁边的南音表演，南音有"中国音乐史上的活化石"之称，发源于福建泉州，用泉州闽南语演唱，是中国现存历史最悠久的传统古乐。南音的唱法保留了唐以前古老的民族唱法，其唱、奏者的二度创作极富随意性。

菲律宾代表 Katrina Coleen 在学习中国书法。

马尔代夫代表在展示自己用毛笔书写的"马尔代夫"。

越南代表 Nhu Quynh 在展示自己用中国书法书写的中文名字"坤"。

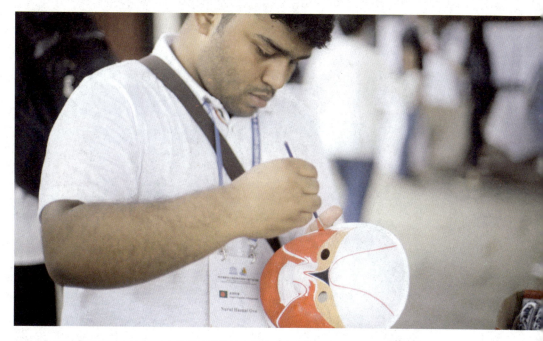

　　孟加拉国代表 Nurul Hasnat 在认真而执着地画着自己手中的中国戏剧脸谱。尽管下起了小雨，活动不得不提前结束，但他在主办人员收摊的时候还是依依不舍地抱着手中的脸谱认真细致地画着。

4 月 20 日晚在泉州源和 1916 创意园区举办的闽南文化表演。

观看闽南文化表演的乌克兰代表 Bohdan。他的中文非常好，还会时不时地和旁边的摩尔多瓦姑娘 Nicoleta 开开玩笑。

观看闽南文化表演的白俄罗斯姑娘 Nadzeya。

各国青年观看闽南文化表演。

在泉州府文庙前的各国青年大合影。

所见·所闻·所思

遗产与创意，过去与未来，连接于"一带一路"的伟大构想；长沙与泉州，节点与起点，成为联合国教科文组织青年论坛的魅力平台。

72 年前，联合国教科文组织成立。这标志着"二战"后国际秩序的重建，也昭示了人类社会的共同诉求。72 年后，人类社会比以往任何时候更热切地渴望和平发展，更迫切地需要合作共赢。

实现人类社会可持续发展，关键在青年。正如习近平主席所说，青年的价值取向决定了未来整个社会的价值取向。此次"一带一路"青年创意与遗产论坛，为"一带一路"沿线 60 余个国家的青年代表提供了宝贵的交流平台。各国青年共聚长沙和泉州，零距离感受创意产业和文化遗产的魅力，为创新创业和遗产保护表达自己的见解和倡议。

文化遗产是文明的足迹，承接悠远的历史。弦歌不绝的岳麓书院、温婉悠长的泉州南音、庄严肃穆的开元古寺、气势如虹的少林拳法，都塑造了多元的文化形态，形成了民族的集体记忆。人们常讲，不要因为走得远，而忘记了为何出发。回望来路，保护遗产，就是对初心的最好坚守。

创新创业是发展的动能，引领光明的未来。今天的世界充满矛盾和不确定性。尽管物质财富不断积累，但收入差距扩大、地区冲突频仍等挑战也此起彼伏。事实证明，由传统发展方式向更可持续的发展方式转变，就要推动创新创业。令人欣喜的是，在以 P8 星球、58 众创为代表的创意社区中，一群活力四射的青年不断激发创意，突破思维边界。移动互联网、大数据、云计算、人工智能都蕴藏着令人难以想象的发展潜能。

论坛期间，我有幸结识了来自不同国家、拥有不同背景的朋友。与他们交流，我很受触动。有人生活条件优越，甚至已经创办了自己的企业，或在政府和社会组织担任顾问；也有人来自叙利亚、黎巴嫩、阿塞拜疆等国家和地区，已经习惯了暴乱冲突、流离失所。但他们所有人都有一个共同点，那就是始终积极乐观、永远热爱生活。我想，此次论坛留给我们最宝贵的财富，就是让我们懂得当下世界之博大、挑战之严峻，也坚定未来奋斗之理想、前行之信念。

在讨论形成论坛《长沙宣言》和《泉州倡议书》的过程中，各国青年各抒己见，畅所欲言。每一份有价值的见解都得到了教科文组织的充分尊重，并写入宣言。《长沙宣言》里有一句话——"不让任何人掉队"。这也是联合国《2030可持续发展公约》中的一句话。发展从不是排他性的，而是包容性的。此次论坛是一个新的开始，未来的世界青年加强合作，交流互鉴，一定能让21世纪的丝绸之路，不断焕发新的勃勃生机！

中国青年代表湖南大学鹿方圆

参加"一带一路"青年创意与遗产论坛有感

长沙：创意之城——活力与希望

早就对长沙有所耳闻，印象里的长沙，是"吃得苦，霸得蛮，不怕死，耐得烦"的；是充满娱乐与朝气，属于青年人的城市。在这样一座城市，招待五湖四海的青年才俊，实在是再合适不过了。尤其是在那晴空万里、风清气爽的橘子洲头，不由得让人回想起在历史的重要节点上，那一批青年人意气风发的样子，隐隐约约的"书生意气"，当真可以"挥斥方遒"。

转眼到了今天，在这个国际形势风起云涌的时代，有幸参与到了"一带一路"——这一由中国倡议并主导的重要历史活动中，我们由衷的激动和诚惶诚恐。感觉到国家又一次站在了历史选择的路口，今日的我们能否像百年前的前辈一样，肩负起历史的重任呢？我们在探索中思索。

欣赏了湘江充满科技感的烟花表演，领略了火宫殿传统的特色小吃，体会了 P8 富有设计感的建筑社区……这一路的精彩，令人目不暇接。大家彼此嬉笑玩闹，谈笑风生，但似乎总缺少了一点内在的精神力量。我们是来游玩的？是来体会的？还是真正做交流的？友谊的桥梁并不仅仅因为快乐，更深层的是相互需要和欣赏，这一点让我反思，在沟通的时候有没有什么值得敬佩和有价值的内容可以铭记。

后来我了解到，这个团队里人才济济，有的运行着自己的公司，有的已经管理着家族的企业，有的在政府部门已经崭露头角。我不由得去想，在这样高规格的活动中，这些青年精英们，他们关注的是什么呢？

当研讨会结束，私下沟通的时候，我才了解到，有些人已经想通过建立网站和 APP 来更加专业和细致地分享文化精髓；有些人已经在沟通交换项目；有的人甚至在草拟给政府的报告，谈国家合作了。这让我感到震惊和羞愧，这才应该是研讨峰会值得流传和铭记的内容，而不是一次次看似热烈的鼓掌和嘻嘻哈哈的虚假繁荣。

思及至此，庆幸自己交到了几个真正的朋友，也许这也是未来许多故事的起点，这一切的开始，还是这个充满梦想和活力的长沙。

青年人要担负起时代的责任，还是要用脑和脚的。

泉州：海丝之城——历史与积淀

有些人信上帝，有些人信佛祖，如果硬要说中国人信什么，我想，那一定是血脉。

中国传统的祠堂里可以没有菩萨，可以没有神仙，但一定不能没有祖宗。对于血脉的传承，祖先的纪念是深植在中华民族骨髓里的记忆，离骚之开篇"帝高阳之苗裔兮，朕皇考曰伯庸"就很明显地表达出这一点。

所以我们看重泉州，因为这是一个起点、一个源泉，从这里分流出了无数条涓涓细流，渗入了世界的各个角落。曾经的泉州，有无数商船汇集，带来了财富，也带走了声望。时至今日，泉州或许不再有往日的鼎盛，但依然如苍道老树，释放着源源不断的生命力。而我们要做的，就是要让这棵历经风雨的老树重焕活力，唤起世界对昔日荣耀的回忆，唤起华人对祖先情感的认同。

从宋代就矗立的老君像，依然面目慈祥而笃定；见惯了风雨飘摇的古桥，还是筋强骨健地支撑着后人的脚步。这一幕幕画面历经千年印入了我们的眼帘，当真是"人生代代无穷已，江月年年只相似"。

但相似的毕竟是江月，而非江畔的看月人和发生在这沿江真实的充满血肉的故事。倘若追本溯源，追到的只是一方不言不语的石碑，和一座看惯花开花谢的老山，多半只会发出一声沉重的叹息，然后埋葬了这段情和回忆。

既然要挖掘，既然是唤醒，用的应该是最质朴的情，最平凡的人，还原一段真实的、温暖的、有血有肉的历史、有泪、有血，有笑，也有叹息。

中国青年代表北京大学张玺

如何看待青年人在保护和传承非遗过程中的
地位和作用？

青年一代是非遗保护和传承需要争取、不可忽视的一个群体。一方面是因为非物质文化遗产离现代的年轻人是比较远的，然而在这部分人的心理文化结构中，又对非遗有着不容置疑的责任感。另一方面，青年人对时代的认知更加敏感，可结合时代的形势在传播手段、内涵挖掘、产业化等方面赋予非遗新的生命，让非遗从夕阳转变成朝阳。

持有非物质文化遗产的群体，既是传承者，也是实践者、创造者，他们应享有保护、传承和发展非遗的权利，享有创造性表达的权利，以及受教育、受培训的权利。我们青年人应充分尊重非遗传承人群的主体地位，定期面向他们进行维权意识培训的系列志愿活动。

在一定程度上，物质文化遗产与非物质文化遗产在"文化景观"上存在重叠，故发掘物质遗存蕴含的历史信息，试图长期、完整保存物质遗存，积极投身文物古迹的记录、建档等工作，将物质遗存在博物馆和原址展示，就是另一种保护和传承非遗的方式。如北大考古文博学院学生充分结合专业知识，探索手工技艺与现代科技的有机结合，提高材料处理水平，以最大限度地保护物质遗存。

作为青年群体，可组织社会实践，促进大学师生与非遗传承人之间的双向学习互动，鼓励非遗传承人群进入高校研修，"带着问题上大学"。一方面能加深大学师生对传统文化的理解与认同，提升青年一代对非遗重要性的认识和参与，另一方面可帮助传承人群提升学历水平，增强传承后劲。

打通国际交流渠道，各国青年应就非遗文化技艺及保护经验展开充分对话交流。如根据公开数据，截至 2016 年，在《世界遗产名录》中收录的世界遗产中，中国与印度两国分别位居第二与第六，更应全面、深入地展开沟通交流。

中国青年代表北京大学熊文雪

"一带一路"青年共谈创意与文化遗产

创意之都——长沙

未到长沙前，我就已经通过湖南卫视强大的宣传知道了岳麓书院、橘子洲头、湘江的烟火表演。在长沙待了三天后，更是不禁敬佩长沙市政府对长沙市别出心裁的建设。

提及湖南，首先映入脑海中的便是发达的媒体产业，湖南卫视凭借其创意满满的电视节目和对湖湘文化的发扬，在这十几年来一直都是地方电视台学习的表率。当我们深入思考这里的新闻媒体产业，会发现它依托的是湖湘文化深厚的根基，无论是岳麓书院，还是橘子洲头，都是在传递儒家学派的传统礼仪与观念，讲述国家领导人和革命先烈建设国家时热血与胸怀。而长沙并没有仅仅局限于这一份带着岁月的情怀，而是通过创意的运用现代技术和媒体产业，将文化发扬出去，打响了属于湖湘文化的品牌。

在陪外国友人游览长沙时，他们说，长沙真是神奇的城市，能够把传统文化和现代技术、现代教育如此完美地结合，真是让他们大开眼界。

文明交汇——泉州

泉州在宋元时期被誉为东方第一大港，开放的对外交流状态一直延续至今，历史悠久，对各种文化都非常包容。在泉州游览时，外国友人 Dana 对我说，她非常惊讶在泉州，在中国，不同的信仰和文化可以相处得如此融洽。她说她看到每个人都在虔诚而和平地在教堂祷告、在清净寺礼拜、在寺庙祈福，彼此之间没有冲突，只有尊敬与祝福。她觉得是中华文化本身和平与友爱为主的文化土壤影响了这些教徒，让他们能够包容与尊敬彼此。她觉得这是非常值得很多国家学习的，这样的经历也让她有了更想探索中华文明的愿望，她也计划着回国后能够更深一步地阅读一些关于中国对外开放历史的内容。

我想这就是本次论坛的意义所在。当我们踏上新的土地，与来自不同文化与信仰的人交流，我们的态度与思维模式也在发生着改变，胸怀也渐渐更加开阔，学习其他文化的愿望也渐渐在心中萌芽。这才是真正的跨文化交流所应有的态度。

中国青年代表北京航空航天大学穆妮拉·海拉提

与君共话青年力量

湘水之畔创意城

毛泽东故乡，湖南卫视和美食之城，组成了我对长沙的初印象和标签。而在本次论坛之后，我的长沙标签中多了一个"创意"。

这是一座充满张力的城市。初到长沙，我结识了国内与其他国家的青年代表，跟他们一样好奇地探索这个城市。现代化的长沙市规划展示馆，围绕"山水洲城"的城市特色空间格局，展现了长沙的过去、现在和未来；包含了可持续垂直社区、生态园区以及新型生活方式的"P8 星球"创意园，将世界各种文化元素相融合，辅以创意，给我们展现了未来社区的可能性；高新技术的烟火表演，来自 65 国青年代表的欢呼声响彻湘江，那一刻，世界仿佛紧紧连在了一起，而我身为中国青年的自豪感也油然而生。

长沙不仅仅是一座媒体艺术之城、历史名人之城，更是一座创意之城。在了解了长沙的高新技术与精妙的创意产业后，我们在如何进行跨文化及代际合作，如何促进创意产业和如何保护非物质文化遗产这三个议题上进行了深入的讨论。当他们发言时，眼里闪烁的亮光就如湘江畔的烟火那般闪耀，这些亮光汇聚起来，组成了长沙城对我而言印象最深的一面。

青年力量在中国

在参加这次联合国教科文组织世界青年论坛之前，我是一名模拟联合国代表。参加模联的初心，是希望有朝一日能够将"模拟"二字去掉，成为一名世界公民，并尽我所能促进世界的可持续发展。在模联 7 年，虽然在模会中也起草"决议草案"，但模拟的平台不足以向世界发声。这次的青年论坛，让我更加深入地了解联合国 2030 可持续发展议程的 17 个目标，理解了文化遗产的保护与传承对可持续发展的重要意义；与联合国教科文组织的SDG 领袖互换意见，听取她们对文化、对泉州长沙和对遗产保护的建议；也让我有机会作为中国青年代表，为《长沙宣言》与《泉州倡议书》添加条款，更有幸得以宣读《泉州倡议书》，将 65 国青年思想碰撞汇聚的火花呈现在世界面前。

我们号召适合文化遗传保护的生态博物馆建设，为非物质文化遗产寻找更多传承的机会；结合新媒体与社交软件，希望能够开发世界版的文化遗产推广软件；带动身边的青年人主动接触不同文化，感受文化多样性带来的美好体验；号召青少年建立文化自豪感，了解自己的文化，并以之为荣。

刺桐城中，65 国青年齐聚一堂，丝路联结重续。就像欧敏行女士在论坛开幕式上所说的，文化是通往和平的道路，而我们，正在这条道路上，携手前行，共筑未来。

中国青年代表华侨大学陆思敏

快乐与青春

创意中心，快乐之都——长沙

对于长沙的最初印象，是湖南卫视芒果台。缤彩纷呈的户内户外节目，让人在电视机前就有想去长沙一饱眼福的冲动。此次很荣幸被选为联合国教科文组织"一带一路"青年创意与遗产论坛的中国代表，亲自去感受了来自这个城市的热情与友好、文化与创意，感触颇深。

此次论坛有两个关键词：第一，创意。来到长沙的第一天，我们去参观了三馆一厅，感受到了科技和文化的完美碰撞，最让人印象深刻的是 VR 技术，可以通过挥舞手臂给这座城市的夜景加上点点星光，在欣赏湘江夜景的同时不由得赞叹科学技术的伟大；接下来，就是乘坐"龙骧号"观光游轮欣赏高科技烟花秀，随着音乐舞动的烟花创意十足。我们其中一个拉脱维亚的代表 Paula 跟我讲道："从来没看到这么惊艳的烟火秀和表演，我爱长沙！"最后不得不提的是在远大 P8 感受到的一群志同道合的精英们在音乐、教育领域的新思想、新发现，给这个城市注入了新的活力与生机。第二，文化。开幕式设立在千年学府岳麓书院，整个会场萦绕着浓浓的书香与茶香，加之富有儒家学派特色的表演，让人心生敬意之时更感受到这座城市的文化积淀。橘子洲头，火宫殿，无不从细微处展示着这个城市所蕴含的悠久文化。

热爱这座城市独特的文化，也爱湖南人的性格，直爽又开朗！真心期待再游长沙，于湘江欣赏夜景，于城市之巅俯瞰这座快乐之都！

海丝文都，青春之城——泉州

泉州，古称为刺桐，是海上丝绸之路"东方第一大港"，这座城市的魅力体现在文化的包容性与多样性。很高兴在这次青年创意与遗产研习班中代表中国，代表泉州，代表泉州师范学院，给其他中西方青年朋友介绍这个美丽的城市。

九日山，洛阳桥，开元寺，清净寺，府文庙，道教，佛教，伊斯兰教等宗教和文化在这里汇集，和谐共存。沙特阿拉伯的代表 Salman 接受采访时说："我从来没有见过任何一个城市能让如此多的宗教和谐共处，这太不可思议了，我觉得泉州对于文化遗产的保护做得非常不错。"确实，在最后的小组汇报中，巴基斯坦代表 Abdullah 的一番话让在场的人都为之动容，"我来自于巴基斯坦，我们小组的 Paridi 来自印度，大家知道我们两个国家间是有一些偏见和矛盾的，但是这并没有成为我们互相了解、通力合作的阻碍，正是因为这次论坛，我们消除了彼此的偏见。"我想，这就是青年论坛的深刻意义所在。

南音，剪纸，提线木偶，簪花围，各种非遗项目的体验也是不可错过的亮点，各国青年在欣赏与交流中感受泉州的文化，我注意到，很多外国青年从事的是艺术行业，他们对艺术有敏锐的嗅觉和精准的把握，以画脸谱为例，他们很好地把自己的艺术天赋运用到设计图案中，立陶宛代表 Ovi 拿着作品开心地和我分享，"我们本身就有学习过艺术品的设计，这一次又是全新的体验！"以艺术为媒介的文化交流，为"一带一路"的活动添上浓墨重彩的一笔。3 天的活动行程远远没有涵盖泉州所有的文化瑰宝，有些外国友人在临出发前仍意犹未尽。作为中国代表，很荣幸见证了一个城市的发展；作为泉州代表，很愿意为所有远道而来的朋友，介绍大美泉州！

中国青年代表泉州师范学院张清阳

丝路青年共话创意与遗产

4月17—22日，联合国教科文组织"'一带一路'青年创意与遗产论坛"如期举行。65个"一带一路"沿线国家的青年汇聚创意之城长沙、历史之都泉州，积极探讨创新发展与遗产保护的问题，在与会代表的共同努力下，发布了《长沙宣言》与《泉州宣言》；同时，在65种文化的碰撞与交汇中，跨越国家和民族的友情又悄然而生，给每一位参会的代表留下了难忘的回忆。

在长沙

作为第一次参加联合国教科文组织论坛的青年代表，我时刻告诉自己要抱着学习的热情参与论坛，以开放的心态悦纳不同的文化；作为长沙的青年、中国的青年，要积极向其他国家的代表介绍中国文化，介绍长沙的创意产业；而作为此次论坛大家庭的一分子，我更希望自己贡献自己的思考，全身心地感受思想的交融和文化的碰撞。岳麓书院的书声绕梁、平行论坛的热烈讨论、湘江烟火的美不胜收、P8社区的创意迸发，3天在长沙的论坛不仅让我们对长沙这座创意之城有了新的认识，也让我们感受到了思想碰撞的美妙。

在泉州

泉州这座历史文化名城兼容并蓄，豁达开放，不同的文化、宗教和价值观都在这里和谐共处，焕发出新的生机和活力。这不正如同此次论坛一样吗？在论坛里，亚美尼亚的青年和阿塞拜疆的青年能互相分享，巴基斯坦的青年和印度的青年能互相交流，冲突、偏见、矛盾都在这里变成了合作、了解和宽容。正是在这样的氛围之下，我们得以了解不同人的故事、不同文化的传统，不再被固有的刻板印象所蒙蔽。遥远的国度不再仅仅是地理上的名词，它有了故事，有了生命，因为在那里，我们有了朋友；陌生的地方不再仅仅是每日新闻上的掠影，论坛把我们更紧密地联系到一起，也把我们更紧密地和这个世界联系到了一起，同时也让我们开始思考，承载希望的青年人，如何才能携起手来，让"世界变得更好"成为真真切切的现实？

感谢论坛的组织者们把我们聚集到一起，相信这份美好的回忆不仅仅会成为我们的宝贵财富，我们还会将会议的成果带回各自的国家，让更多的年轻人参与到创新创意、保护遗产、互相了解中来。

中国青年代表湖南大学林琛琛

参与"一带一路"青年创意与遗产论坛有感

很有幸能够作为中国代表之一参与联合国教科文组织的"一带一路"青年创意与遗产论坛，这次经历，必将在我的人生中留下难以忘怀的一笔。

首先，关于创意。之前的自己对这方面了解甚少，在长沙三馆一厅，我惊叹于科技的进步以及它们在国民教育中的重要程度；在 P8，我感叹于如此新奇别致的工作场所，那里的人们有着轻松、发散的工作气氛，每天上演着的是各种新奇想法的互相碰撞；在 58 众创，我欣赏各类人才的创意事迹，也感受到长沙市政府对于鼓励创业的决心；于湘江之上，我折服于绚丽多彩、摇曳生姿的烟花，科技的发展触角已经延伸到生活的各个角落。所有的这些经历，对我而言都是新鲜且独特的，我看到了更加广阔的平台，并且在创意产业这方面的兴趣骤增。我还认识到，创意与科技已经深入到生活的各个方面，不想被社会淘汰，就要积极学习、培养发散思维、不断提升自己。

其次，关于遗产。在泉州，我们与各国青年代表一起参观了当地的古老文化建筑，在赞叹建筑美的同时，我更吃惊于各类不同文化的相互包容。在泉州，老子道教、少林佛教、伊斯兰教可以和平共处、相互学习，这一点充分体现了泉州的兼容、开放与多样，是在如今复杂的国际形势下，建设城市的良好范例。

接着，给我留下最大财富的，就是与各国青年代表以及杰出领袖的交流。来自马尔代夫的 Sofaa 致力于女权运动，她给我讲自己的故事，鼓励我突破藩篱桎梏，追寻自己的梦想；来自伊拉克的 Adel，向我讲述他家乡的战火，他告诉我他并不仇视美国人，上一代的仇恨不应该一直延续下去；WFFUCA 的副主席 Mustapha 先生，向我讲述自己的人生经历，游学于美国、法国、德国，曾经在黎巴嫩做过 12 年的市长，现在作为联合国教科文组织世界联合会副主席仍旧每天为众多病人义诊……这样的例子数不胜数，每天与各国青年代表的交流，仿佛像在阅读每一本不同的书，每一本都能给自己带来启发、获得灵感。

最后，我想说的是这次活动对于各国文化交流的重要作用。为什么会有不同文化的误解？因为缺乏交流。许多青年都表示，之前一直对中国有许多误解，这次能够游历长沙与泉州，将他们的误解全部打破，使他们更加了解中国，也渴望多了解中国。值得注意的是，这些青年作为各个国家的优秀青年代表，在自己的国家必然有相当的影响力，他们回国以后，将中国的热情好客、美丽山水、日新月异传播到各个角落，这对于提升我国的影响力、促进相互理解的作用是巨大的。

中国青年代表湖南师范大学李佳珊

良日启程

"她说现在她们在家都只说俄语了。"他说着耸耸肩。

青年来自立陶宛，名叫 Ovidijus，他让我们叫他 Ovi。话里的她来自拉脱维亚，立陶宛的老邻居。

我曾因演出去过一次拉脱维亚。然而在计划去那儿之前我甚至不知道这个国家的存在，这个波罗的海国家是欧洲各国旅客的宠儿，但在中国显然还籍籍无名。时值夏日，首都里加空气依然略显清凉，结束演出走出大门，一位当地老妇人看起来等在那里已经很久了，她凑上来把肩上的厚披肩给我披上，然后拨弄着手指说了一串听不懂的话，我猜她是在赞赏我们的演出，叫来随队导游翻译，不料她摆摆手"不是俄语"，我蒙了一下，意识到她在说自己的语言。他们是有自己民族的语言文字，然而停留里加数天竟毫无察觉，街上的姑娘们穿着与俄罗斯姑娘别无二致的短裙，说着相似的英语或俄语。20 世纪漫长的战争早已结束，在这片土地上留下的除了战时碉堡和"斯大林楼"以外，还有人们口中的俄语。老妇人在我的名牌后面写下她的名字，用的是我认不出的字符。

"我认为非常重要的事情就是分享，"Ovi 在讨论会上说，"跟世界分享你的文化。"

"可是这样如何在强势文化的冲击下推广弱势文化呢？如何避免已经式微的弱势文化变得更弱势？"很快遭到了反驳，一时间场内安静下来，参会者多来自丝绸之路沿线的古老国家，而在现代，由于经济发展的滞后，由于战乱，它们所孕育的子民和文化长期以来只能在主流话语中作为他者存在——人们乐于看见和接受其符合自己想象和预期的部分，而对更为不同的部分或无视或嗤之以鼻。你如何像认识自己一样认识他们？你如何用被蒙蔽的观看世界之眼来认识你自己？大家暂时的沉默不是尴尬，而更像是一种无奈的默契：这个问题太过巨大，而个人力量是如此渺小。

理解的希望是如此渺茫。而我和 Jalil 和 Fazil 的交往似乎在微妙地驳斥这一点。

Jalil 和 Fazil 都来自阿塞拜疆，那片土地从前作为波斯萨珊王朝的属国，它的文化曾通过丝绸之路与中华文明碰撞出灿烂的火花，发源于那里的拜火教也曾传遍中原大地，时过境迁，大多数人们对它的想象只剩下了中东、伊斯兰和曾经的波斯地毯。

Jalil 是个文艺青年，所以我们的对话多是发生在诸如夜色中的泉州湾、九日山的山顶等等景致相当美好的地方。

"这是我第一次来中国，"他望了望街灯和远处灯火辉煌的万达商场，"感受到了文化冲击。""什么样的？""各方面都有。"他好像使劲嗅了嗅，"连这里的空气闻起来都不一样，你天天在这肯定闻不出来，还有这些大楼风格都很一致，巴库街上每一栋楼都不一样，也没这么高。"

他从安拉的土地上来，生于穆斯林家庭，也选择信仰伊斯兰，比起表面上的不同他更好奇的似乎是思想上的区别。我们又闲扯到了两国婚姻观和性观念。他介绍说在他的家乡女孩普遍 20 岁左右就结婚了。"如果阿塞拜疆和美国的性观念是两个极端的话，中国大概在中间吧。"我也根据我的经验概括了一下。他不赞同美国式的性开放，反对婚前性行为，也觉得女孩子不应该轻易分手，因为会对女孩的德行有损。这我自然是没法赞同的，我们各执一词，不过与现在网上"直男癌"和"女权癌"的互相攻讦不同，我们的交流没有火药味儿，并不执着于互相说服。

跟 Fazil 的交流则完全是另一个"画风"。"我是穆斯林，不过我是世俗的，并且支持人权和女性主义。"他一自我介绍完毕就匆忙解释道。他头发花白，一问也没比我大几岁，长期在土耳其工作。

可能是由于工作时用土耳其语居多，Fazil 的英语口语并不是很好，因此我们的很多交流都是线上进行的。有一次偶然提到了他的童年，"我是在难民家庭长大的。"他说，然后半晌没有说话。我震惊了一会儿，觉得不小心揭了别人伤疤，于是赶紧道歉。他马上表示没有关系："只是那是一个伤心的故事，我得尽量保持沉默才能忍住不去抱怨那些事。"他发来一张图。"这是我出生的村庄，在我3岁时，我们被逼着逃离了我们的家。"图上是一个覆盖着绿色的山谷，白色的小房子依稀可见遍布其上，"然后那片区域就被占领了，我们再没回去过"。他的故乡在纳卡地区，阿塞拜疆和其邻国亚美尼亚自20世纪80年代起在这个地区的领土争端至今仍在继续。"超过一百万人被波及"，屏幕的这段我看不到他的表情，不过语气凝重而严肃，"这仅仅是距今20多年的事情。"在这个过程中，两国矛盾激化，国内民族主义热情被煽动起来，未受过训练的年轻人视参军上战场为荣耀。此次一同参会的有一个亚美尼亚女孩，Fazil向她讲述了自己的故事，她对他所经历的悲剧表示遗憾，然而，"我们没有其他的方法夺回我们祖先的土地啊"。"很少有人能让自己的头脑脱离意识形态思考，"他遗憾地说，"即便她是很聪明并且受过高等教育的。"我不知该如何安慰他，怎样才能意识到不同民族、宗教标签下的依旧是如你我一样的普通人呢？

这次的参会者中不仅有曾经的战争受害者，还有现在仍然深受其害的人。Ghassan就是其中之一，他来自叙利亚，现在在华东师大读书，他可能是这次论坛年龄最大的代表，孩子跟我差不多大。"他告诉我不回去是因为战争，"Fazil说。穆斯林、叙利亚难民，这两个标签加起来代表的可能是现今被舆论污名化最厉害的群体之一。Ghassan当然还算不上难民，但也显然被偏见和议论所影响。"他们说我们虐待女人，不，我们视女人如珍宝，是要保护的。"第一次交谈他便如此澄清道，随后又向我科普他们叙利亚人的道德准则。"你的短发挺好认的。"来中国才半年的Ghassan对中国人还有点脸盲。

"你的期待是什么呢？我的期待是理解（understanding）。"Fazil说。我想改写王小波的一句话：去向世界发出理解的声音，我一个人是不敢的，有了你们，我就敢。论坛结束回到上海，收到了Ghassan的一封邮件，附件是一本介绍叙利亚的书，"希望你们有朝一日能到我的国家来，希望你们能认识我的国家，"他写道，"它也曾是很美的。"

中国青年代表上海纽约大学吕一涵

后记

当"一带一路"遇上"青年"

申玉彪
中国联合国教科文组织全国委员会秘书处科学文化处处长

> 好雨知时节，当春乃发生。
> 随风潜入夜，润物细无声。

2017 年 5 月 14 日，"一带一路"国际合作高峰论坛在北京开幕。"一带一路"倡议提出只有 3 年多，尽管年轻，但已成效斐然。和"青年"一样，这个倡议充满生机和活力。那，当"一带一路"遇上"青年"，遇上世界各国"青年"，会碰撞出什么样的火花？

4 月 22 日，"一带一路"青年创意与遗产论坛落下帷幕，来自 65 个沿线国家的 80 余位青年代表，在中国度过了忙碌、充实、美好、难忘的一周时光。"一带一路"是个开放概念，并不限定国家。而能邀请来多达 65 国的青年，显然是"一带一路"的吸引力，是"创意""遗产"的吸引力，也是青年之间的吸引力。

习近平主席指出，青年最富有朝气，最富有梦想，是未来的领导者和建设者。他首次在国际场合提出共建"丝绸之路经济带"的倡议，就是 2013 年在哈萨克斯坦面对纳扎尔巴耶夫大学青年学生的演讲中。国之交在于民相亲，而"民相亲"要从青年做起。正是基于这种认识，近几年，中国与联合国教科文组织致力于在弘扬丝路精神、加强青年对话方面开展合作。本次"一带一路"青年创意与遗产论坛就是双方合作的又一成功实践。这也是一场青年策划、青年组织、青年参与、青年受益的活动。笔者有幸作为亲历者参与全程，见证了"民相亲"在青年人中的生根发芽。

亚美尼亚和阿塞拜疆位于亚洲和欧洲交界处的外高加索地区，由于领土争端，多年来两国大大小小冲突不断，公民不能前往对方国家，两国在国际场合也互相"敬而远之"。湘江夜游时，笔者从人群中找到了来自亚美尼亚的梅莉和来自阿塞拜疆的法希尔，邀请他们一起聊天。在了解对方身份后的最初几十秒，二人稍显尴尬，但谈起论坛期间的岳麓书院开幕式和制陶体验，他们很快就滔滔不绝，最后甚至坦然谈及两国关系面临的窘境，对两国毗邻却无法互访表示遗憾，并一起欣赏和赞叹美妙绝伦的浏阳花炮。论坛结束时，他们分别发来信息，感谢笔者"创造"的那次聊天机会，感慨这是他们此行最意外的收获。

来自以色列的玛莎娃目前就读于华东师范大学，论坛期间与来自中东其他国家的青年代表打成一片，交流后才得知，她是以色列的阿拉伯人。她告诉笔者，既为自己的国家感到自豪，也为她的民族感到骄傲。以色列20%的人口是阿拉伯人，只要彼此敞开心扉，两个民族完全可以和平相处。来自阿曼的腼腆小伙阿卜杜，安静地用相机记录其他代表的靓影，却毫不推辞地秀了一手书法，用漂亮的苏鲁斯体写下了"一带一路"对应的阿拉伯文字……每位青年都有自己的故事，都在讲述自己国家的故事，畅谈自己国家与中国的友好，畅想"一带一路"国际合作的美好未来。

2015年10月，习近平主席向联合国教科文组织第九届青年论坛致贺词时指出，世界的未来属于年轻一代。全球青年有理想、有担当，人类就有希望，推进人类和平与发展的崇高事业就有源源不断的强大力量。

各国青年用欣赏、互鉴、共享的观点看待世界，推动不同文明交流互鉴、和谐共生，是一件有意思、有意义、有意蕴的事。而这种互动，在"一带一路"上正变得越来越多。

责任编辑：洪　琼
装帧设计：林芝玉
责任校对：吕　飞

图书在版编目（CIP）数据

你好，一带一路：视频图文版／人民日报海外版"中国故事工作室"编；严冰，
　陈振凯 主编 . — 北京：人民出版社，2017.5（2017.7 重印）
ISBN 978 - 7 - 01 - 017713 - 7

I.①你…　II.①人…　②严…　③陈…　III.①世界 - 概况　IV.① K91

中国版本图书馆 CIP 数据核字（2017）第 091809 号

你好，一带一路

NIHAO YIDAIYILU

（视频图文版）

人民日报海外版"中国故事工作室"　编

严　冰　陈振凯　主编

人民出版社 出版发行
（100706　北京市东城区隆福寺街 99 号）

北京盛通印刷股份有限公司印刷　新华书店经销

2017 年 5 月第 1 版　2017 年 7 月北京第 2 次印刷
开本：710 毫米 × 1000 毫米 1/16　印张：17.25
字数：260 千字　印数：15,001—21,000 册

ISBN 978 - 7 - 01 - 017713 - 7　定价：59.80 元

邮购地址 100706　北京市东城区隆福寺街 99 号
人民东方图书销售中心　电话：（010）65250042　65289539